障碍のある
子どものための教育と保育
③

エピソードで学ぶ
障碍の重い子どもの
理解と支援

菅原伸康/渡邉照美
［編著］

ミネルヴァ書房

## はじめに

　平成19年度に特別支援教育がスタートし，7年が経過しています。
　この間，特別支援教育は発達障害児への指導・支援，そして研究者は発達障害研究にシフトし，重複障害児への教育，研究は，どこか蚊帳の外におかれているように感じています。
　私は，特別支援学校で，教師が障害のある子どもたちへの指導・支援で，一番困難を示しているのが重複障害児教育ではないかと考えています。今も昔も変わらないのではないでしょうか？　そのはずなのにどこか蚊帳の外においていかれているようで仕方がありません。
　今回執筆した5名のうち3名は，役職は違うものの国立久里浜養護学校での勤務経験があります。
　国立久里浜養護学校は，文部科学省直轄の政策課題解決を使命とする学校の教育実践の指針作りに資する目的で，日本で唯一昭和54年度の養護学校義務制実施準備のために設置された学校です。ここでの教育実践は全国に発信されました。日本の障害教育実践の道筋を作ったといっても過言ではありません。
　私が勤務していた頃，都道府県から国立特殊教育総合研究所に研修に来ていた先生たちから「久里浜だからできるんですよね。」という話をよく耳にしました。
　私は現在，大学で教員養成の仕事をしています。教え子たちが特別支援学校の教員となり，彼女たちの授業を観る機会があります。久里浜より断然教員数が多いのではないか，このクラスで1対1対応なのかと驚くことがよくあります。久里浜でも1対1対応だったことはなく，教員数については，今の教員たちの方がよほど恵まれているように感じます。
　このことで感じられるのは，久里浜だからできたのではなく，教員に力量があるのかどうかではないかということです。教員としての力量をどのように形成するのか？　重複障害の子どもたちに特化して考えると，どのようにコミュニケーションを図るのかということが永遠のテーマであるように思うのです。
　教員からの一方向の係わりではなく，教員が子どもの動きから何らかの気持ちや意味を見出して，必ず返していくという相互的なやりとりを積み重ねていくことが，関係性やコミュニケーションの発展につながっていくものです。

## はじめに

コミュニケーションは，常に人との係わり合いを前提として，そのなかで生まれ育っていくものであり，それゆえに相手との関係がどうであるかに大きく左右されるものです。どんなに重い障害があろうとも，子どもたちは必ずどこかで自分の感情や気持ちを表出しているものです。子どもたちの心の言葉を教員が受けとめようとすること，同じ気持ちを共有しようとするところからコミュニケーションは始まるのではないかと考えられます。

このような視点に立ち，今回5人の執筆者は，それぞれの立場から重複障害児教育について語っています。

筆者は，平成12年11月20日，津守真氏（元愛育養護学校校長，お茶の水女子大学名誉教授）に直接お話を聞く機会を授かりました。

津守氏は，「『害』は害毒の害である。『碍』という語を用いると，さまたげになる石という意味であり，さまたげになる石を目の前から取り除けば障碍はなくなる。だから私は『碍』を用い，最近は『障碍』と使っている…。」という話をしてくださいました。

この時から，筆者も，「子どもは何も害毒を流していないわけで，どのような語を用いるのかというのは，本人にとってプラスのイメージになるような語を用いればよいのである。」という考えから，論文でも書籍でも「障碍」という言葉を用いています。

本書は，複数の研究者が各章を執筆しており，それぞれの研究者の考えを尊重し，また，法令等との関連もあり，本文中では「障害」を主として使用しています。ただ，筆者の想いから書名には「障碍」の文字を使用していることを理解していただきたいと思います。

この本の執筆に当たり，佛教大学教育学部教育学科菅原研究室の，渋谷あいさん，村上実希さん，川村歩さん，室井望さん，藤原里奈さん，西村侑可理さん，杉山真亜子さん，三千広夏さん，内田静香さん，山本彩江さん，木下富雄君，阪田大悟君（以上4回生），廣田久奈さん，柴菜緒さん，山田みどりさん，光嶋麻衣さん，中本耕貴君，野村美帆さん，小谷理恵さん，西川優花さん，堀家萌さん，吹田峻君，小松功一君（以上3回生）には，何回も原稿を読んでもらい，学生の目からもわかりやすい表現で書くようにしました。

重複障害児教育の入門書としていただけたら幸いです。

菅原伸康

エピソードで学ぶ 障碍の重い子どもの理解と支援　目　次

はじめに

## 第1章　障碍の重い子どもの特性とケア

1　用語の整理……………………………………………………………… 2
2　障害の重い子どもの主な原因と合併症……………………………… 6
3　障害の重い子どもの特性とそのケア………………………………… 9

## 第2章　重複障害児の教育課程と自立活動の指導

1　重複障害児の教育課程………………………………………………… 16
2　自立活動の指導………………………………………………………… 19

## 第3章　学校教育における医療的ケア

1　「医療的ケア」という言葉……………………………………………… 30
2　医療的ケアの歴史的変遷……………………………………………… 30
3　医療的ケアの法制化…………………………………………………… 32
4　医療的ケアの必要な子どもの現状と課題…………………………… 33
5　医療的ケアの意義……………………………………………………… 40
6　子ども中心の医療的ケアの実現を目指して………………………… 43

## 第4章　重複障害児を教育する教師の専門性

1　障害の理解……………………………………………………………… 48
2　教育実践家としての実践的見識……………………………………… 52

## 第5章　重複障害児教育の現状と課題

1　ある重複障害児教育活動との出会い………………………………… 58

目 次

2　重複障害児教育の歴史的な展開……………………………………59
3　重複障害児教育の取り組みの視点…………………………………63
4　重複障害児教育の現状を見渡す……………………………………68
5　重複障害児教育の課題と展望………………………………………73

## 第6章　障害の重い子どもの指導の実際

1　実 践 事 例……………………………………………………………76
2　障害の重い子どものコミュニケーションの考え方………………82
3　コミュニケーションの水準からみた障害の重い
　　子どものコミュニケーション………………………………………91
4　コミュニケーション手段について…………………………………95
5　障害の重い子どもとコミュニケーションを充実させる12の視点……98


あとがき

索　引

# 第1章
## 障害の重い子どもの特性とケア

# 1 用語の整理

　障害の重い子どもは，時に「重複障害児」「重度・重複障害児」「重症心身障害児」と呼ばれることがある。ここでは，まずその歴史を紐解き，用語の整理をしてみたい。

## （1）重複障害と重複障害児教育の始まり

　重複障害児に対する教育は，19世紀半ばの盲聾教育から始まったとされる（大沼, 2009）。わが国における重複障害児の教育も，盲聾児に対する教育によって開始された。1953年に梅津八三を中心に，盲聾児教育研究会が山梨県盲学校に結成され，それまで，教育は不可能とされ学校教育の対象外とされていた盲聾児の教育に着手した。それ以降，文部省の実験学校として，盲聾児の教育実践が積み重ねられた（大沼, 2009；進, 1996）。つまり，視覚障害と聴覚障害という2つの障害があることを重複障害としていたことがわかる。

　大沼（2009）によると，その後，1956（昭和31）年3月に「公立養護学校整備特別措置法」が成立し，以後養護学校の数は急激に増加し，当時の盲学校，聾学校及び肢体不自由養護学校においても重複障害児に対する実践が行われるようになってきたとされる。1961（昭和36）年3月に文部省が刊行した「わが国の特殊教育」に，重複障害という言葉がみられる。1956（昭和31）年以降，重複障害児の教育の実験学校を設け，重複障害のある子どもに対する教育を推進するようになっていった。

## （2）重度・重複障害児とは

　「重度・重複障害」という用語は，養護学校義務制を4年後に控えた1975（昭和50）年「特殊教育の改善に関する調査研究会」（会長：辻村泰男）が文部省初等中等教育局長に提出した「重度・重複障害に対する学校教育の在り方について（報告）」のなかで初めて用いられたものである（吉川, 2011）。それ以来，学校教育においては，「重度・重複障害児」という名称が通常使われている。この報告書では，「重度・重複障害児」について，学校教育施行令第22条の3（当時，第22条の2）に規定される視覚障害，聴覚障害，知的障害，肢体不自由，病弱の障害を2つ以上併せ有する者のほか，発達的側面からみて，「精神発達の遅れが著しく，ほとんど言語

を持たず，自他の意思の交換及び環境への適応が著しく困難であって，日常生活において常時介護を必要とする程度」の者，行動的側面からみて，「破壊的行動，多動傾向，異常な習慣，自傷行為，自閉性，その他の問題行動が著しく，常時介護を必要とする程度」の者を加えて考えている（表1-1）。この点から考えると，重複障害の者，知的障害が重度である者，知的障害が重度で重複障害の者をさし，それに行動障害の者が含まれる。つまり，重度・重複障害の定義を見ていくと，2つの障害があるという重複障害も含まれるが，それだけではなく，障害の程度が重度な子どもも含まれ，障害の種類や程度が多様であることがわかる。

### （3） 重症心身障害児とは

　医療・福祉の分野では，「重度・重複障害児」に代えて，「重症心身障害児」の用語を用いるのが一般的である。昭和30年代初め，医療から見捨てられていた重症心身障害児に医療の光があてられた。小林提樹，糸賀一雄らの献身的努力により初の重症心身障害児施設が開設されて以来，重症心身障害児のいのちを守り，輝かせる療育実践は多くの成果を挙げてきたとされる（細渕・児嶋，2013）。このように，医療・福祉の分野では，重症心身障害児施設の名称から由来して重症心身障害児と呼ばれる（姉崎，2009）。

　重症心身障害施設の処遇の問題が社会的な問題となったことから，1963年の厚生省次官通知によって，「重症心身障害児」は「身体的精神的障害が重複し，かつ重症である児童」と定義された（相磯，2006）。

　次いで，上述した「重度・重複障害に対する学校教育の在り方について（報告）」の答申に先立って，1966（昭和41）年に文部省総合研究班「重症心身障害児の系統的研究」が結成された。そのなかでは，「身体的精神的障害が重複し，かつそれぞれ重度である者」で，「その知能障害の程度は白痴及至痴愚に相当し，身体障害は高度でほとんど有用な動作をなし得ず，相まって家庭療育が困難なことはもとより，精薄児施設においても集団生活指導の不可能な者」と定義されている（小林，1968）。報告書における重症心身障害児とは，表1-2の20，24，25に相当する者であるとされる。なお，15に属する者でも，重篤な行動異常並びに視聴覚障害を有する者もそれに含まれ，身体障害の程度は，生活動作という視点から規定されている。これらの点から考えると，重症心身障害児は，重度の知的障害と重度の肢体不自由の重なった者を中核にするものといえる（進，2010）。

　つまり，「重症心身障害児」は医学的診断名ではなく児童福祉での行政上の措置

第1章　障害の重い子どもの特性とケア

### 表1-1　重度・重複障害児の判定にあたっての検査項目例

**1　障害の状況**（学校教育法施行令第22条の2に規定する障害をもっているかどうか）

| ア　盲　イ　聾　ウ　知的障害　エ　肢体不自由　オ　病弱 | （疾病の状況） |
|---|---|

**2　発達の状況**（次に示すような身辺自立，運動機能，社会生活の程度は，どの程度か）

| | | （発達の状況をチェックする具体的行動の例―次のような行動ができるかどうか） | | |
|---|---|---|---|---|
| (1)身辺自立 | ア．食事 | ・スプーンで食べ物を運んでやると食べられる | ・手でどうにかつかんで食べられる | ・スプーン等を使ってどうにか一人で食べられる |
| | イ．排泄 | ・排泄の処理をしてもらう時静かにしている | ・汚すと知らせる（おむつをしている） | ・排泄の予告ができる |
| | ウ．衣服 | ・衣服をきせてもらう時静かにしている | ・衣服を着せてもらう時手や足を出す | ・衣服を一人でどうにか脱げるが，一人で着ることはできない |
| (2)運動機能 | エ．大きな動作 | ・支えなしで座れる | ・つかまり立ちできる | ・5，6歩歩いて立ち止まれる |
| | オ．小さな動作 | ・手から手へ物を持ち替えられる | ・指先で物がつまめる | ・クレヨンなどでなぐり書きができる |
| (3)社会生活 | カ．言語 | ・人に向かって声を出そうとする | ・意味のある単語が2，3個いえる | ・意味のある単語が数個いえる |
| | キ．反応 | ・自分の名前を呼ばれると反応できる | ・身近なものの名前がわかる | ・簡単な指示が理解できる |
| | ク．対人関係 | ・知らない人にも関心を示す | ・ひとの関心をひくための動作ができる | ・特定の子供といっしょにいることができる |

**3　行動の状況**（次のような問題行動があるかどうか）

| | | （行動の状況をチェックする具体的行動の例―次のような問題行動が著しいかどうか） |
|---|---|---|
| ア．破壊的行動 | | 他人に暴力を加えたり，器物を破壊するなど破壊的傾向がある |
| イ．多動行動 | | まったくじっとしていないで，走りまわったり，とびはねるなど多動傾向がある |
| ウ．異常な習慣 | | 異物を食べたり，ふん尿をもてあそぶなど異常な習慣がある |
| エ．自傷行為 | | 自分を傷つけたり，着ている衣服を引きさくなど自傷行為がある |
| オ．自閉症 | | 自閉的でコミュニケーションが成立しない |
| カ．反抗的行動 | | 指示に従うことを拒んだり，指導者に敵意を示すなど反抗的行動がある |
| キ．その他 | | その他，特別の問題行動がある |

上記の検査に従い，おおむね次のような者が重度・重複障害児と考えられる

a．「1　障害の状況」において，2つ以上の障害をもっている者
b．「2　発達の状況」からみて，精神発達が著しく遅れていると思われる者
c．「3　行動の状況」からみて，特に著しい問題行動があると思われる者
d．「2　発達の状況」，「3　行動の状況」からみて，精神発達がかなり遅れており，かつ，かなりの問題行動があると思われる者

（注）　用語は報告当時のままを使用している。
（出所）「重度・重複障害に対する学校教育の在り方について（報告）」

表 1-2　知的障害・身体障害からみた重症心身障害児の区分

|  | 85以上<br>A　正常 | 85〜75<br>B　劣等 | 75〜50<br>教育可能<br>C　軽愚 | 50〜25<br>訓練可能<br>D　痴愚 | 25以下<br>要保護<br>E　白痴 |
|---|---|---|---|---|---|
| 0　身体障害なし | 1 | 2 | 3 | 4 | 5 |
| I　日常生活が不自由ながらできるもの | 6 | 7 | 8 | 9 | 10 |
| II　軽度の障害<br>　制約されながらも有用な運動ができるもの | 11 | 12 | 13 | 14 | 15<br>(行動異常<br>盲・聾) |
| III　中等度の障害<br>　有用な運動がきわめて制限されているもの | 16 | 17 | 18 | 19 | 20 |
| IV　高度の障害<br>　何ら有用な運動ができないもの | 21 | 22 | 23 | 24 | 25 |

(注)　用語は報告当時のままを使用している。
(出所)　文部省総合研究班（1966）「重症心身障害児の系統的研究」。

を行うための定義（呼び方）である。重症心身障害児（者）の数は，日本ではおよそ40,000人いると推定されている（椎原，2008）。

## （4）　超重症児・準超重症児（者）とは

　医療の進歩により，超低出生体重児の生存が可能になった。それ自体は喜ばしいことであるが，その一方で，障害の重い子どもたちが増えてきたことも事実である。現在，わが国では病弱児・重症児が急激に増加している。

　前田浩利は，わが国の新生児医療は，世界一の救命率を誇り，全国で小児集中治療室（PICU）の整備が進みつつあり，救急領域でも小児の救命率は向上している一方で，救命した子どもたちのなかには人工呼吸器などの医療機器に依存して生活せざるを得ない子どもがいると指摘している（前田，2012）。このような子ども達は退院できないまま，新生児集中治療室（NICU），あるいは小児科のベッドを数年，場合によっては10年以上にわたって使用しているという実態を報告している。

　そのようななかで，看護の現場から出てきた概念として，超重症児がある。超重症児とは，重度・重複障害児（者）のなかで，特に重度の障害があり，医療・介護により一層の配慮を要するグループとされる（鈴木・田角・山田，1995）。その後，境界と判定された児（者）のケアも負担が大きいという意見を受けて，準超重症児（者）の概念が設定された（鈴木ほか，2008）。

第1章　障害の重い子どもの特性とケア

　超重症児という概念は，1995年，医療的ケアのケア内容を基本としてできあがったスコアシステムであり，現在では，厚生労働省もこのスコアを使用し，医療保険の加算点数を認めている。2010年4月から新しいスコアが使用されている。表1-3に示した通り，呼吸管理，食事機能，補足項目に至るまで，これまでの病院内での治療として実施されていたものばかりである。そして，スコアの前提として，「運動機能は坐位まで，そして6か月以上持続している」という慢性化した状態での各ケアの点数が加算されて，合計25点以上を「超重症児」，10〜24点を「準超重症児」とする。

　以上，障害の重い子どもは，分野によって「重複障害児」や「重度・重複障害児」「重症心身障害児」といった名称で呼ばれていることがわかる。また，周産期医療の進歩によって，助かる命が飛躍的に増えた。その一方で，何らかの障害が残る子どもも増加した。そのなかで，障害の重い子どものなかでも，特に重度の障害がある場合は，超重症児，準超重症児とされるようになった。教育現場においては，「重複障害児」「重度・重複障害児」「重症心身障害児」「超重症児」「準超重症児」と呼ばれる子どもたちが増加している。関わる立場によって名称は異なっているが，教育を必要としている子どもたちに変わりはなく，教育をすることで伸びていく子どもたちである。その意味で，本書では，「障害の重い子ども」と表記することとする。

## 2　障害の重い子どもの主な原因と合併症

　障害の重い子どもの発生率は，出生前（胎生期）で新生児1000人に対して0.6人前後，出生時（周生期）から新生児期にかけては0.4人前後で，両者の合計から出生1000人に対して新生児期（生後4週）までに1人前後であるとされる（姉崎，2009）。

　樋口和郎は主な原因疾患をいくつかの文献や日本重症児福祉協会の報告書を参考に表にまとめている（樋口，2006，2011）（表1-4）。これによると，小児期に中枢神経系・末梢神経・筋などの障害を起こす多くの疾患が原因になっていることがわかる。また合併症についても，ライフステージごとにまとめている（表1-5）。障害の重い子どもの場合，摂食嚥下障害や四肢麻痺による運動障害等があるため，合併症が多く発生する。樋口（2011）によると，「原因疾患のほとんどが回復不可能か進行性の

2 障害の重い子どもの主な原因と合併症

### 表1-3 超重症児(者)・準超重症児(者)の判定基準

以下の各項目に規定する状態が6か月以上継続する場合※1に,それぞれのスコアを合算する。

1. 運動機能：座位まで
2. 判定スコア (スコア)
   (1) レスピレーター管理※2 ＝10
   (2) 気管内挿管,気管切開 ＝ 8
   (3) 鼻咽頭エアウェイ **(新)** ＝ 5
   (4) O₂吸入又はSpO₂90％以下の状態が10％以上 **(具体化)** ＝ 5
   (5) 1回／時間以上の頻回の吸引 ＝ 8
       6回／日以上の頻回の吸引 ＝ 3
   (6) ネブライザー 6回／日以上または継続使用 **(一緒にして減点)** ＝ 3
   (7) IVH ＝10
   (8) 経口摂取（全介助）※3 ＝ 3
       経管（経鼻・胃ろう含む）※3 **(分けて減点)** ＝ 5
   (9) 腸ろう・腸管栄養※3 ＝ 8
       持続用注入ポンプ使用（腸ろう・腸管栄養時） **(分けて新しく)** ＝ 3
   (10) 手術・服薬にても改善しない過緊張で,
        発汗による更衣と姿勢修正を3回／日以上 **(過緊張薬投与だけを変更)** ＝ 3
   (11) 継続する透析（腹膜灌流を含む） ＝10
   (12) 定期導尿（3回／日以上）※4 ＝ 5
   (13) 人工肛門 ＝ 5
   (14) 体位交換 6回／日以上 ＝ 3

〈判　定〉
1の運動機能が座位までであり,かつ,2の判定スコアの合計が25点以上の場合を超重症児（者）,10点以上25点未満である場合を準超重傷児（者）とする。

※1 新生児集中治療室を退室した児であって当該治療室での状態が引き続き継続する児については,当該状態が1か月以上継続する場合とする。ただし,新生児集中治療室を退室した後の症状増悪,又は新たな疾患の発生についてはその後の状態が6か月以上継続する場合とする。
※2 毎日行う機械的気道加圧を要するカフマシン・NIPPV・CPAPなどは,レスピレーター管理に含む。
※3 (8)(9)は経口摂取,経管,腸ろう・腸管栄養のいずれかを選択。
※4 人工膀胱を含む。
※ 6か月継続だが,一時的な中止や再開はよい。
※ 継続使用とは,1日に2時間以上行った場合をいう。
※ ネブライザーとは,薬液の有無は問わないが,吸気を湿潤させることで。レスピレーター回路内の加湿器は相当しない。
※ 6歳未満が,800点（準200点）,6歳以上が400点（100点）
※ 算定が有床診療所入院基本料にも拡大された。

(注) ゴチック体は杉本による。
(出所) 杉本 (2013).

第 1 章　障害の重い子どものケア

表 1-4　重度・重複障害をきたす疾患

| 発生時期 | 発生割合 注1）<br>（発生割合）注2） | 原因疾患名 |
|---|---|---|
| 出生前 | 25～58%<br>(29.51%) | 染色体異常，小頭症・水頭症・脳奇形（厚脳回症・全前脳胞症等），遺伝性代謝異常，妊娠高血圧症候群，感染症など |
| 周生期 | 14～40%<br>(35.79%) | 超低出生体重・多胎，低酸素虚血性脳症（新生児仮死等）・脳室周囲白質軟化症・分娩障害・頭蓋内出血・脳血管障害・核黄疸，脳炎・髄膜炎，新生児痙攣など |
| 出生後 | 21～29%<br>(30.84%) | 脳炎・脳症・髄膜炎，頭蓋内出血・頭部外傷，てんかん重積，低酸素性脳症，脳腫瘍，予防接種後遺症など |
| 時期不明 | 5～26%<br>(3.86%) | 不明の原因 |

注1）　6つの異なる研究から最小～最多％を示した。
注2）　（　）内は2010（平成22）年4月1日現在の公法人立重症心身障害児施設長期入所者11,429名の実態調査より主要病院分類の集計を追加。
出所：樋口（2006, 2011）。

表 1-5　各ライフステージで悪化しやすい合併症

| 乳・幼児期 | 呼吸障害（呼吸不全・閉塞性呼吸障害・窒息・中枢性無呼吸）・呼吸器感染症・摂食嚥下障害・胃食道逆流症・胃潰瘍・脱水症・栄養障害・過緊張・体重増加不良・睡眠障害など |
|---|---|
| 学童期 | 呼吸障害・呼吸器感染症・摂食嚥下障害・胃食道逆流症・側湾変形悪化・成長障害など |
| 思春期～青年期 | 摂食嚥下障害・消化器障害（胃食道逆流症・重症便秘・Chlaiditi症候群・イレウスなど）・呼吸障害・側湾変形悪化・思春期早発／遅発・成長障害など |
| 成人期以降 | 泌尿器系合併症（排尿障害・尿路結石・尿路感染）・胆石・骨粗鬆症と骨折・運動障害の悪化・側湾変形・関節拘縮・歯科的疾患・悪性腫瘍・早期退行など |
| 全年齢 | 筋萎縮・てんかん発作・気管切開の気管内出血・突然死（予期しない死亡で多くが原因不詳）・体温調節障害・褥瘡・皮膚化膿疹・貧血・栄養欠乏症（微量元素欠乏症・低蛋白血症など）・結膜炎・外耳炎・副鼻腔炎など |

（出所）　樋口（2006, 2011）。

脳障害をきたすものであるが，年齢とともに異常な成長発達による病態の変化・合併症の出現などがあり，病状は生涯を通じて多彩な変化を遂げる。各ライフステージで悪化しやすい合併症を予測し，早めに対応することは健康管理に重要である。自覚症状を訴えることができないので，的確な早期発見が重要である」と述べている。

## 3 障害の重い子どもの特性とそのケア

　障害の重い子どもの特性については姉崎（2009）を，特性に対するケアについては田中（2011），全国特別支援学校肢体不自由教育校長会（2011）を引用しながら，以下に説明を加える。詳細は，上記を参照していただきたい。また，本書の各章で，障害の重い子どもとの関わり方について詳細に論じているので，各章を参考にされたい。

### （1）　生理調節機能について

① 呼吸機能：呼吸のリズムが保てず，呼吸数が増減したり，睡眠時に一時的に呼吸が停止したりするなど，生命の危険な状態に陥りやすい。
② 体温調節機能：体温調節中枢の発達が未熟で，発汗機能が十分に働かないことから，外気温・湿度の影響を受けやすく発熱しやすい。なかには，平熱が33～35℃といった低体温の者もみられる。
③ 睡眠・覚醒機能：睡眠中の呼吸障害やてんかん発作などにより，睡眠－覚醒リズムが不規則になりやすく，昼間の睡眠，夜間の覚醒など昼夜が逆転している，寝付きが悪いなどの睡眠障害を伴いやすい。

　以上のように，障害の重い子どもは，呼吸・摂食・排泄・睡眠などの生理的基盤が安定していないことが多い。障害の重い子どもでなければ意識せずに簡単にできることが，障害の重い子どもにとってはとても難しく，子どもたちは自分の体のつらさのせいで反応が乏しく，表現しても不快を表す叫びや緊張になってしまう。「息をする，食べる，出す，寝る」といった生理的基盤を整えることにより，子どもたちが感じていることを表現しやすい状況になる。そのような環境を周囲の者が作る努力と，子どもが表現したことを受け手が受け取ろうとする姿勢が求められる。

### （2）　身体発育について

　一般に，身体発育は不良で，低身長，低体重が多く見られ，身体はきわめて虚弱である。これは先天的な異常のほか，未熟児や栄養摂取の不足などによる。ときに脊柱の側湾や胸郭の変形，上・下肢の拘縮変形などが多くみられる。障害が重度に

なればなるほど，自分で姿勢を変えることが難しく，同じ姿勢で過ごすことが多くなることから，変形や拘縮などが起こる。変形・拘縮は成長の著しい時期（3～5歳，11～13歳）に増強しやすく，いったん起こった変形・拘縮を矯正することは難しいことから予防が重要である。そのためには，日常的に座位や立位などの抗重力姿勢をとったり，こまめに身体を動かしたりすることが大切といえる。衣服の着脱やトイレ，風呂といった日常生活のなかで，少しでも多く体を動かしていく要素を取り入れることが予防につながる。また，仰臥位，座位，立位などいろいろな姿勢をとるなかで，できるだけ身体が左右対称になるように心がけることも大切である。

　また，骨は細く骨折しやすく，それによって身体諸機能の低下をきたす。骨折しやすい子どもに対しては，主治医からの意見書をもとに，保護者と確認をしながら，活動内容を決定していく。活動によっては，活動を制限することや，他の子どもと同様の活動ができないことがあるが，その代わりの活動を準備しておくことも大切である。教材・教具についても，工夫が必要である。たとえば，寝た姿勢で生活する子どもは視点が横であることを考慮して，側臥位ならば教材を横の向きに，仰臥位ならば顔の上に固定する。また，筆記用具も筆圧が弱く鉛筆で書くことが難しい子どもの場合，水性ペンや筆圧が弱い子ども向けのクレヨンなどを使うと書くことを楽しめる。タブレットを使用するICTの活用も有効である。

## （3）運動機能について

　障害の重い子どもは，脳性まひを基礎疾患にもつ者が多く，骨格筋の過緊張・低緊張や不随運動が見られ，姿勢・運動の発達が未熟である。加齢とともに異常な姿勢や運動は固定化し，側弯拘縮を併せもつ者が多い。とくに，寝たきりの場合には，寝返ったり，手を動かしたりすることが十分にできず，重度の運動機能障害が著しく見られる。

　身体の動きに働きかける際に，つい周りの大人は，身体の動きを引き出すことばかりに注意がいき，コミュニケーションを疎かにしてしまうことがある。誰でも，急に身体に触られると，不安や恐怖を感じると思うが，障害の重い子どもたちは，その不安や恐怖を訴えることが難しく，結果として身体の緊張をより高めてしまうことになる。働きかけるときには，これから何をするのか子どもにわかるように十分に説明をし，不安を和らげてから行うようにする。この点については，身体に働きかける時だけではなく，子どもの側を離れる際にも，ひと声かけてから子どもから離れることで，子どもの日常的な不安や緊張をほぐすのに役立ち，子どもとの信

頼関係を築くきっかけとなると思われる。

### （4） 摂食・嚥下機能について

　障害の重い子どもは，口の開閉や口唇による食物の取り込みは困難であることが多く，顎の上下運動，咀嚼運動，嚥下が十分にできない。そのため食物を丸のみしやすく，むせやすいため，誤嚥や窒息につながりやすい。

　唾液や食べ物をうまく飲み込めない摂食・嚥下障害によってゼコゼコすることも多い。今，食べているものが子どもの摂食・嚥下機能に合ったものであるか，強い緊張のためにのけぞり体の軸が崩れたり，低緊張のため不安定な姿勢で食べていないか，子どもの飲み込みや開口のタイミングと摂食介助がよく合っているかなども見直す。そして何より，食事は楽しい時間であると，子どもたちが心待ちにしている状態を作るよう心掛けたい。つまり，摂食指導を行う際には，まず①心理的配慮，②姿勢，③食具の選択，④介助の方法といった「食環境」と，⑤食物形態，⑥栄養といった「食内容」が子どもの実態や様子に合っているか確認をすることがポイントとなる。

### （5） 排泄機能について

　障害の重い子どもは，膀胱にためた尿をスムーズに出せないことから，排尿困難や頻尿，尿失禁をきたす。このため，排尿の自立は難しく，日常生活ではオムツ交換などの排泄介助が頻回に行われ，教師や介助員により全介助を受けている者が多い。また，習慣性の慢性便秘症になりやすく，浣腸や摘便を必要とする者も見られる。

　便秘は，水分摂取量が少ない，腹筋が弱い，気管切開のため力めないことなどから生じやすい。水分や食物繊維を多く摂る，腹部マッサージのほか，よく出やすい時刻に時間排泄することで上手に排泄できている寝たきりの子どももいる。子どものいきんだ表情などわずかなサインから，トイレへ連れて行くことで成功することが多いといわれている。

### （6） コミュニケーション機能について

　重度の知的障害および重度の肢体不自由を併せもつことから，言語の理解や発語，身振り・手振りなどで自分の意思や欲求を表すことが難しく，まわりの人とのコミュニケーションをとりにくい。また，聴覚障害や睡眠障害，行動障害などを併せも

第1章　障害の重い子どもの特性とケア

つと，さらにコミュニケーションを図りにくくなる。

　障害の重い子どもとのコミュニケーションは難しいものとされるが，近年，子どもたちの豊かな精神世界が数多く報告されるようになってきている。表情や目線などいろいろな手段で自分を表現し，コミュニケーションを楽しめる力をもっている。受け手がそのサインを読み取れるかどうかが重要である。

### （7）　行動障害について

　動くことのできる障害の重い子どもの場合，重度の発達障害に起因する多動，徘徊，異食，反芻，嘔吐，自傷，常同行動などの自己刺激行動といった異常習慣，周期的な気分変動やこだわり，ひきこもりなども見られる。強度の行動障害は自らの健康を保持したり，家庭・社会生活を送る上で大きな妨げになりやすい。

　自分の手の甲をかむ，頭に壁を打ち付けるといった，故意に自分を傷つけるといった自傷行為が見られる場合は，まずその行為にいたる背景を考えてみることが大切である。背景には，周りの注目を引こうとするため，自分の欲求が満たされないため，体調がよくないためなど，さまざまなことが考えられる。そして，その行為をした際の周りの反応が適切でない場合，さらに悪化する。つまり，自傷行為は，障害の重い子どもが自分では解決が難しい状況に遭遇し，言うに言えない自分の気持ちを表していると考えられる。まずは，状況を把握し，改善策を考える必要がある。まず，本人の身体を守ることが大切なので，頭をひどく打ち付ける場合はヘッドギアを用意したり，手をかむ行為がひどい場合は，手を保護するものを用意したりする。けがを防いだ上で，自傷行為が起こりやすいのは，①どのような健康状態の時か，②きっかけになっていることを把握し改善してみる，③適切な行動の獲得を図るといったことに配慮しながら関わることが大切である。

　ここでは自傷行為だけを例に挙げたが，以上の関わり方は，自傷行為だけでなく，行動障害全般に共通な関わり方であると考える。そして，いちばん苦しんでいるのは，周りの大人ではなく，行動障害を表出している子ども自身であることを忘れないよう，粘り強く関わりを続けることが大切な視点であると思われる。

### （8）　その他の合併しやすい疾患について

　障害の重い子どもの合併症は1人平均4〜5個で，一方，超重症児ではその約2倍の8〜9個の合併症を併せもち，その病態は複雑であると報告されている。とくに，呼吸・嚥下障害を併せもつ場合，肺炎など引き起こすことがあり，肺炎などの

呼吸器感染症が死亡原因の第1位を占める。

　また，障害の重い子どもの多くはてんかんを合併し，なかには難治てんかんもみられ，抗てんかん剤や抗筋緊張剤等を服用していても，てんかん重積状態になることもある。てんかん発作が起こると周りの大人が慌ててしまうことがある。その対応としては，時計を見ながら，発作の様子を詳細に正確に観察することが大切である。また保護者や主治医と，個々の発作に対する対応を確認しておくことも大切である。

　この他に，歯・口腔疾患や視覚，聴覚，触覚，痛覚などの感覚機能に障害をもつ者が多く，出血性の胃炎や胃食道逆流現象が原因となる逆流性食道炎をもつ者もいる。さらに，抵抗力が弱い場合には，MRSA（メチシリン耐性黄色ブドウ球菌）などの感染症にかかりやすい。


　第1章では，障害の重い子どもの用語の整理を試み，その特性とケアの方法について述べた。高度医療の発達によって，多くの子どもの命を救うことが可能になった。それは，その救えた命を維持しながら生活し，教育を行っていくということを意味する。しかし，これは言葉でいうほど容易いことではなく，多くの課題を生み出すことにもなった。障害の重い子どもには，サポートが不可欠である。一般的には，障害の重い子どもたちは，自ら発信する力が弱いとされる。それゆえに，関わり方が難しいと思われがちであるが，丁寧に粘り強く関わり続けることで，子どもたちのサインを受け止めることができるはずである。

　自力で立つことが難しい子どもたちを立位保持装置や長下肢装置などを用いて立たせたり，教員が体を支えながら立たせたりすることがある。立位をとらせる目的のひとつに，目線が高くなって視界が広がり，臥位や車いすに乗っていたときには見えなかったものが見えるようになり，意欲や行動が活発になるというものがある。我々も同様で，子どもを見る見方を少し変えたり，いろいろな方向から見てみたりすることで子どものサインを見逃さない関わりができるのではないだろうか。

　第2章以降では，障害の重い子どもたちと関わり，そして受け手としてそのサインを受け止めてきた実践がいくつも報告されている。子どもたちが変容していく過程のなかで，教員がどう関わったのかという点に注目しながら読んでいただきたいと思う。

第 1 章　障害の重い子どもの特性とケア

**参考文献**

相磯友子（2006）重複障害者に関する既存の調査・研究　独立行政法人高齢・障害者雇用支援機構　障害者職業総合センター　重複障害者の職業リハビリテーション及び就労をめぐる現状と課題に関する研究　調査報告書，72，21-49.

姉崎弘（2009）特別支援学校における重度・重複障害児の教育　第 2 版　大学教育出版.

樋口和郎（2006）重症心身障害　小児看護，29，1054-1058.

樋口和郎（2011）重症心身障害児とは　小児看護，34，536-542.

細渕富夫・児嶋芳郎（2013）重症心身障害児の終末期医療とグリーフケアをめぐって　発達障害研究，35，143-151.

小林提樹（1968）乳幼児精神衛生　日本小児医事出版社.

前田浩利（2012）在宅医療システムと病弱児・重症児教育　障害者問題研究，40，82-89.

大沼直樹（2009）重度・重複障害のある子どもの理解と支援—基礎・原理・方法・実際—　明治図書.

椎原弘章（2008）重症心身障害児（者）の概念と実態　小児内科，40，1564-1568.

進一鷹（1996）重度・重複障害児の発達援助技法の開発　風間書房.

進一鷹（2010）重度・重複障がい児の発達と指導法—教材づくりと指導の実際—　明治図書.

杉本健郎（2013）医療的ケアの必要な子どもたちの現状—誰がどこでケアしているか—　NPO 法人医療的ケアネット・杉本健郎（編著）「医療的ケア」はじめの一歩—介護職の「医療的ケア」マニュアル—　増補改訂第 2 版，29-35.

鈴木康之・武井理子・武智信幸・山田美智子・諸岡美知子・平元東・松葉佐正・口分田政夫・宮野前健・山本重則・大野祥一郎（2008）超重症児の判定について—スコア改訂の試み—　日本重症心身障害学会誌，33，303-309.

鈴木康之・田角勝・山田美智子（1995）超重度障害児（超重症児）の定義とその課題　小児保健研究，54，406-410.

田中総一郎（2011）重症心身障害児の発達支援　小児看護，34，553-560.

吉川明守（2011）重度・重複障害　菅原伸康（編著）特別支援教育を学ぶ人へ—教育者の地平—　ミネルヴァ書房，221-230.

全国特別支援学校肢体不自由教育校長会（編著）（2011）障害の重い子どもの指導 Q&A —自立活動を主とする教育課程—　ジアース教育新社.

（渡邉照美）

# 第 2 章

## 重複障害児の教育課程と自立活動の指導

# *1* 重複障害児の教育課程

　障害のある子どもの教育課程は，次の4つのパターンから子どもの発達の状況や障害の状態等を考慮されて編成されている。
　　① 「準ずる教育課程」
　　② 下学年適用による教育課程
　　③ 知的障害教育の教育課程
　　④ 自立活動を中心とした教育課程
　しかし，一概に重複障害児といっても，感覚障害や知的障害，運動障害，行動障害等が複雑に絡み合っており，子どもの実態は一人ひとり大きく違っているのが現状である。原則的には，学校教育法施行令第22条の3に規定されている程度の障害を2つ以上併せ有している場合を指し，学習指導要領では「複数の種類の障害を併せ有する児童又は生徒」のことを「重複障害者」といっている。しかし，実際の指導において，その必要性から必ずしもこれに規定される必要はなく，言語障害や情緒障害等を併せ有する場合も含めて考えていいことになっている。
　そこで，こうした重複障害児の教育課程を編成するときは，重複障害者等に関する特例を考慮して編成することができる。
　重複障害者等に関する特例は以下の2つに示されている。
　　① 学校教育法施行規則に規定されている特例
　　② 学習指導要領に示されている特例

（1）　学校教育法施行規則に規定されている特例
① 合科的な授業に関する特例（第130条第1項）
　重複障害者の授業について，各教科の全部または一部について合わせて授業を行うことができるとしている。

② 領域を合わせた授業に関する特例（第130条第2項）
　特別支援学校の小学部・中学部・高等部で知的障害のある児童生徒を教育する場合，複数の障害を併せ有する児童生徒を教育する場合，各教科，道徳，特別活動及び自立活動の全部または一部を合わせて授業することができるとなっている。

③ 特別の教育課程に関する特例（第131条第1項）

　特別支援学校の小学部・中学部・高等部で重複障害者を教育する場合や教員を派遣して教育を行う場合は，特別の教育課程によることができるとなっている。

④ 教育課程改善のための研究に関する特例

　特別支援学校の小学部・中学部・高等部の教育課程について，その改善に資する研究を行うため特に必要があり，児童生徒の教育上適切な配慮がなされていると文部科学大臣が認めた場合，文部科学大臣が別に定めるところにより，学校教育法施行規則や学習指導要領に定められている規定によらず教育課程を編成し実施することができるとしてある。

## （2） 学習指導要領に示されている特例

① 学習が困難な児童生徒に関する特例（小・中第1章第2節，高第1章第2節）

　児童生徒の発達や障害の状態により，当該学年の各教科の学習が困難な場合，その児童生徒の実態に応じて，弾力的な教育課程を編成することができると示されている。具体的には，以下の5項目である。

　ⅰ）各教科及び外国語活動の目標及び内容に関する事項の一部を取り扱わないことができること。

　ⅱ）各教科の各学年の目標及び内容の全部または一部を，当該学年の前各学年の目標及び内容の全部または一部によって，替えることができること。

　ⅲ）中学部の各教科の目標及び内容に関する事項の全部または一部を，当該各教科に相当する小学部の各教科の目標及び内容に関する事項の全部または一部によって，替えることができること。

　ⅳ）視覚障害者，聴覚障害者，肢体不自由者または病弱者である生徒に対する教育を行う特別支援学校の中学部の外国語科については，外国語活動の目標及び内容の一部を取り入れることができること。

　ⅴ）幼稚部教育要領に示す各領域のねらい及び内容の一部を取り入れることができること。

② 重複障害者に関する特例（小・中第1章第2節，高第1章第2節）

**(1) 知的障害を併せ有する児童生徒の場合**

　視覚障害者，聴覚障害者，肢体不自由者または病弱者である児童生徒に対する教

第2章　重複障害児の教育課程と自立活動の指導

育を行う特別支援学校に就学する児童生徒のうち，知的障害を併せ有する者については，各教科または各教科の目標及び内容に関する事項の一部を，当該各教科に相当する第2章第1節第2款もしくは第2節第2款に示す知的障害者である児童または生徒に対する教育を行う特別支援学校の各教科または各教科の目標及び内容の一部によって，替えることができるとなっている。なお，この場合，小学部の児童については，外国語活動及び総合的な学習の時間を設けないことができるとも記載されている。また，中学部の生徒については，外国語科を設けないことができるものとすることができるとなっている。

**(2) 重複障害のうち学習が著しく困難な児童生徒の場合**

　こうした重複障害のある児童生徒には，各教科・科目，道徳，特別活動の目標及び内容に関する事項の一部を取り扱わず，自立活動を主として指導をすることができると示されており，さらに，各教科・科目の目標及び内容の全部または総合的な学習の時間に替えて主として自立活動の指導を行うこともできると示されている。ただし，道徳，特別活動については，その目標及び内容の全部を替えることはできないことに注意する必要がある。また，重複障害だからといって，最初から安易にすべての時間を「自立活動」にするのではなく，子ども一人ひとりの実態に即した教育課程が編成される必要がある。

③ 訪問教育に関する特例（小・中第1章第2節，高第1章第2節）

　訪問教育は，障害が重度または重複していて特別支援学校等に通学困難な児童生徒に対し，教員が家庭や児童福祉施設，医療機関等を訪問して行う教育形態をいう。訪問指導を受けている児童生徒の教育課程を編成する場合，学校教育法施行規則第131条第1項や学習指導要領に規定されている重複障害者等に関する教育課程の取扱いの「訪問教育の場合の規定」や「療養中及び訪問教育の生徒の通信により教育を行う場合の規定」を用いることができる。児童生徒の実態を的確に把握するとともに，医療上の規制や生活上の規制等も考慮して，どのような教育課程を編成することが最も望ましいか総合的に検討する必要がある。

④ 療養中及び訪問教育の生徒の通信により教育を行う場合の特例（高第1章第2節第6款の4）

　特別支援学校高等部において，療養中の生徒や通学して教育を受けることが困難

な生徒について，各教科・科目の一部を通信により教育を行う場合の１単位あたりの添削指導及び面接指導の回数等については生徒の実態に応じて適切に定めるものとすると示されている。

また，知的障害者である生徒に対する教育を行う特別支援学校においては，通信により教育を行うことになった各教科の一部の授業時数に相当する添削指導及び面接指導の回数等についても，生徒の実態に応じて適切に定めるものとすると示されている。

## *2* 自立活動の指導

### （1） 自立についての考え方

　障害が重度あるいは重複している子どもにとっての自立はどのように考えればいいのであろうか。こうした子どもたちは，移動することや着替え等の身の回りのことを自分ひとりでやりこなすことが困難な状態にいることもある。

　支援を必要とする人たちの社会生活力等の向上を図ろうとする考え方を，「QOL（Quality of Life：生活の質）」の向上という。ヨーロッパで採用されている QOL 指標では，普通に歩き回ることができるかといった「移動の程度」，洗顔や着替えが自分ひとりでできるかといった「身の回りの管理」，仕事や家事，学習がどれくらいできるかといった「普段の活動」「痛みや不快感の有無」「不安やふさぎ込みの状態」等で判断する。

　しかし，何をもって，生活の質が向上したというのかは，人によって異なるものである。動き回ることができなくても，家で静かに本を読んでいたいと考える人もいるであろう。仕事や家事を少しでもしたいと願う人もいるであろう。願いや希望は人さまざまなものである。それだけに，生活の質の向上は障害者個々人や家族等との話し合いによって決められることが重要ではないだろうか。

　このように，QOL の L（Life）には，「生活」という意味側面だけでなく，生命の維持・促進やリハビリテーションといった「生命」いう意味側面や，生きがい，生きる喜び，生きる力の向上といった「人生」という意味側面もあると考えられ，こうした側面の向上が図られるべきといわれている。

　こう考えていくと，たとえ他者の支援を受けることがあっても，自分のしたいことややりたいことを自分で決める「自己決定」「自己選択」という概念・考え方，

第2章　重複障害児の教育課程と自立活動の指導

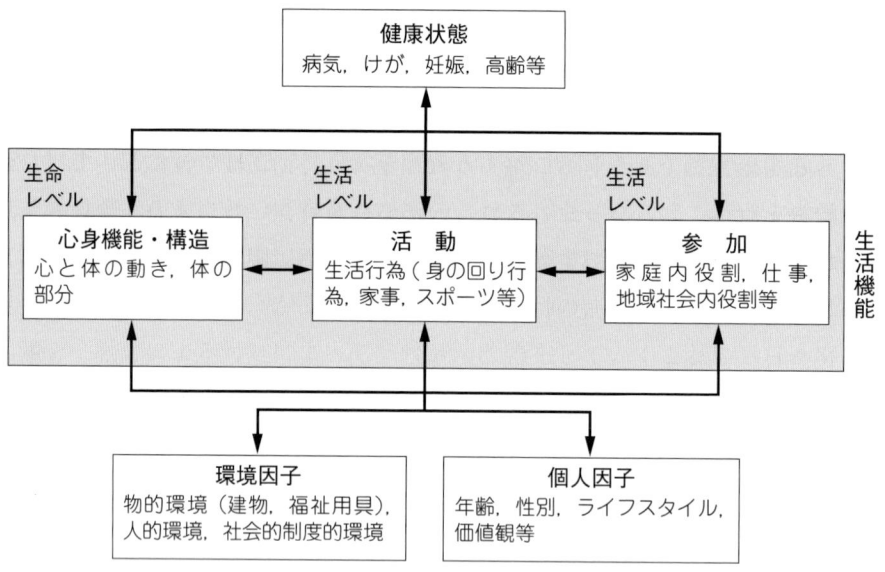

図2-1　ICFの概念図

こうした力の育成が自立を考えていくときのキーワードではないかと思われる。そして，それぞれの「自立」を実現するために，自分の意思を伝える方法を確立することや周囲の支援をしてくれる人とのコミュニケーション力が重要となる。話し言葉でコミュニケーションをすることが難しい障害のある子どもにとっては，わかりやすい補助的手段（AAC（拡大・代替コミュニケーション））の活用やエイド類を利用（スイッチの利用やパソコンの活用）したりして，自分の意思を伝える力を育てることも今日的な課題となっている。

　また，障害のとらえ方も近年変化してきており，国際生活機能分類（ICF）では，人間の生活機能は「心身機能・身体構造」と「活動」と「参加」の3つに区分され，これらの3つの生活機能は「健康状態」と「環境因子」と「個人因子」によって影響されると図式的に示している。そして，「障害」とは，生活機能の3つが，機能障害が起こったり，活動に制限がされたり，参加に制約が設けられるといった問題を抱えた状態を指すとされている。生活機能を高め，障害の状況を改善するには，個人因子とともに環境因子の両方からの働きかけが重要と考えられている。

（2）　自立活動とは

　ICFによると，障害のあるひとたちの活動の制約や参加の制約を可能な限り少なくすることが教育においても重要な視点であるとの国際的な流れもあって，1999

(平成11) 年の学習指導要領改訂時に，これまでの「養護・訓練」の領域は，自立を目指した主体的活動を一層推進する意味から目標や内容の見直しが行われ，その名称も「自立活動」と改められた。

　障害のある子どもの場合，その障害によって，日常生活や学習場面においてさまざまなつまずきや困難が生じることが考えられるので，小中学校等と同じように心身の発達の段階を考慮して教育するだけでは充分ではないと考えられる。

　それぞれの障害による学習上または生活上の困難を改善・克服するために指導をすることが必要である。そこで，特別支援学校では，小・中学校と同様の各教科等の領域の他に，「自立活動」の領域を設定して指導を行うことで，人間として調和のとれた育成を目指すことになっている。学習指導要領では，「児童生徒がそれぞれ障害の状態や発達段階等に応じて，主体的に自己の力を可能な限り発揮し，よりよく生きていこうとすることを意味している。」と解説されている。そして，自立活動が，児童生徒の「主体的な活動」であることも明確に示されている。

　また，この「自立活動」の領域では，発達に即して順序立てた指導を行うのではではなく，個々の子どもの実態から必要な項目を選定して指導を行うようになっている。すなわち，幼稚部から高等部を通じて一貫した方針の下で指導が行えるようになっているのである。

　国際生活機能分類（ICF）は，障害があってもバリアフリー等の整備が進んだ環境で生活することにより，活動や参加の制限が減り，生活の質が向上するという考え方で，自立活動を考えるうえでもこの理念を積極的に取り入れていくべきとの考えが近年急速に教育現場に広まっている。そして，このICFを活用することは，教室環境等の整備に対する意識の高まりや教員の支援の仕方の適切さを振り返る機運にもつながっているのである。また，できないというマイナス面ではなく，できることといったプラス面を見ることに焦点を当てることで参加を促すという視点は教育に新たな視点を与えている。

## （3）　自立活動の内容

　自立活動の内容は，人間としての基本的な行動を遂行するために必要な要素と，障害による学習上または生活上の困難を改善・克服するために必要な要素で構成されている。

　その代表的な要素である26項目を「健康の保持」「心理的な安定」「人間関係の形成」「環境の把握」「身体の動き」及び「コミュニケーション」の6つの区分に分

第2章　重複障害児の教育課程と自立活動の指導

類・整理したもので，以下にその具体的内容を示す。

　また，自立活動の内容は，個々の子どもの障害の状態や発達の程度等に応じて選定され教育されるもので，個々の子どもにすべての内容を指導すべきものとして示されているものではない。そのためには，子どもの実態把握や個別の指導計画に則って必要な項目を選定することに留意が必要である。

① 健康の保持
(1) 生活のリズムや生活習慣の形成に関すること
　たとえば，体温の調節，覚醒と睡眠のなど生活のリズムの獲得，食事や排泄等生活習慣の形成，衣服の調節等健康な生活を送るための力を育む等。
(2) 病気の状態の理解と生活管理に関すること
　自分の病状の理解と改善，病気の進行防止と生活の自己管理力を育む等。
(3) 身体各部の状態の理解と養護に関すること
　自分の身体各部の状態の理解と保護，症状の進行防止について等。
(4) 健康状態の維持・改善に関すること
　運動量の減少，体力の減退予防と健康の自己管理について等。

　重複障害のある幼児児童生徒の多くは，障害の重度化に伴い，呼吸をはじめ健康面での課題を抱えており，家庭および医療との連携が重要になっている。また，医療的ケアが必要な幼児児童生徒を対象に，校内におけるケア内容や方法を医師等と連携しながら取り組んでいる。生活リズムを身につけたり，食事や排泄などの生活習慣を形成したり，感染予防など健康な生活環境の形成を図ることなどが重要である。

② 心理的な安定
(1) 情緒の安定に関すること
　情緒の不安定な幼児児童生徒が，安定した情緒の獲得と可能な生活配慮を行う等。
(2) 状況の理解と変化への対応に関すること
　場所や場面の状況理解と心理的抵抗の軽減，変化する状況の理解と適切な対応の仕方等。
(3) 障害による学習上又は生活上の困難を改善・克服する意欲に関すること
　自分の障害の状態の理解と受容，改善・克服する意欲の向上等。

対人関係のなかで二次的に引き起こされる心の問題に配慮しながら，ストレスマネージメントやソーシャルスキルなども課題として取り上げ，状況の変化等を理解して適切に対応する必要がある。


③ 人間関係の形成
(1) 他者とのかかわりの基礎に関すること
　人への基本的な信頼感，他者からの働きかけの受容とその対応ができる等。
(2) 他者の意図や感情の理解に関すること
　他者の意図や感情の理解，場に応じた適切な行動ができる。
(3) 自己の理解と行動の調整に関すること
　自分の得意・不得意，行動の特徴等の理解，集団の適応行動ができる。
(4) 集団への参加の基礎に関すること
　集団に参加するための手順や決まりの理解，遊びや集団活動への積極的な参加ができる。

多くの重複障害の子どもにとって，発達段階に応じた配慮をしながら，人との関わりの指導が重要となっている。人との関わりの基礎の上に集団への参加への基礎的能力が形成されていくのである。また，コミュニケーションと深く関わりがあることにも留意しておく必要がある。


④ 環境の把握
(1) 保有する感覚の活用に関すること
　視覚，聴覚，触覚などの感覚を十分に活用できる。
(2) 感覚や認知の特性への対応に関すること
　個々人の特性を踏まえて，情報入力の適切な処理，感覚の過敏や認知の隔たりへの対応できる。
(3) 感覚の補助及び代行手段の活用に関すること
　保有する感覚器官の活用と各種の補助機器の活用，他の感覚や機器での代行が適切にできる。
(4) 感覚を総合的に活用した周囲の状況の把握に関すること
　いろいろな手段の総合的な活用と情報収集及び環境の状況把握等，的確な判断と行動ができる。

(5) 認知や行動の手掛かりとなる概念の形成に関すること
　ものの機能や属性等が変化する様子，空間や時間等の概念の形成を認知の手がかりとして活用できる。

　重複障害のある子どもには，感覚や認知面の障害や発達の遅れにより環境の把握が課題となることが多いようである。視知覚認知や触覚の異常等は知的発達や手作業などの問題とも関係しており，学校生活全般を通じた指導が重要となってくる。こうした認知や行動の手がかりとなる概念形成への指導方法等について教員研修が必要となってくる。

⑤　身体の動き
(1) 姿勢と運動・動作の基本的技能に関すること
　姿勢保持や上肢・下肢の運動・動作の改善及び習得，関節の拘縮や変形の予防，筋力の維持・強化を図る。
(2) 姿勢保持と運動・動作の補助的手段の活用に関すること
　さまざまな補助用具等の補助的手段を活用して姿勢保持や運動・動作ができる。
(3) 日常生活に必要な基本動作に関すること
　身辺処理及び書字，描画等の学習のための動作などの基本動作ができる。
(4) 身体の移動能力に関すること
　自力での身体移動や歩行，歩行器や車いすによる移動など，日常生活に必要な移動ができる。
(5) 作業の円滑な遂行に関すること
　動作の巧緻性や持続性の向上を図り，作業を円滑に遂行できる。

　肢体不自由を伴う重複障害のある子どもは，自立活動の時間における指導の中心は「身体の動き」になる。「姿勢の保持」「移動動作」「手の使い方」「日常生活動作」など子どもの実態に応じた指導も実施する。また，PT（理学療法士）やOT（作業療法士）等，専門家との連携も重要となってくる。

⑥　コミュニケーション
(1) コミュニケーションの基礎的能力に関すること
　障害の種類や程度，興味・関心等に応じて，表情や身振り，各種の機器などを用

いて意思のやりとりが行える。
(2) 言語の受容と表出に関すること
　話し言葉や各種の文字・記号等を用いて，相手の意図を受け止めたり，自分の考えを伝えたりすることができる。
(3) 言語の形成と活用に関すること
　事物や現象，自己の行動等に対応した言語の概念の形成と体系的な言語を身に付ける。
(4) コミュニケーション手段の選択と活用に関すること
　話し言葉・文字・記号，機器等のコミュニケーション手段を適切に選択・活用し，コミュニケーションが円滑にできる。
(5) 状況に応じたコミュニケーションに関すること
　相手や場の状況に応じて，主体的なコミュニケーションを展開できる。

　コミュニケーションは，人とのかかわりや生活，学習を進める上での基盤である。重複障害のある幼児児童生徒は，発信が弱く，意図が周囲の人に伝わりにくかったり，意図的な介入なしでは人とのやり取りが成立しにくかったり，コミュニケーションの課題が多く考えられる。子ども一人一人にふさわしい手段を用いたやり取りが行えるようにすることが，重要な課題である。

## （４）　自立活動の具体的取り組み
　肢体不自由を伴う小学部2年生のA君の自立活動の指導について紹介しよう。A君の担任の先生はICFを活用して，A君の現在の生活環境等を図に表してみた。生活地図を作ることが基礎といわれている。それが図2-2である。A君を紹介しよう。
　A君は明るくて好奇心旺盛な子どもだが，自力で移動することができない。外出することが大好きなA君を家族，特にお母さんが移動支援等を行っている。A君のある日の一日を考えて，生活地図を作ってみた。A君は毎日学校行くのを楽しみにしている。毎日，お母さんが車に乗せて登下校の送迎を行っている。学校から帰ると大好きなスイミングに行くため，近くの公営プールにお母さんが車で連れて行ってくれる。プールでは指導員の人が抱えて介助してくれるが，お母さんもプールサイドで様子を見ている。プールから戻ると，バギーに乗って近くのマーケットに買い物に行くのを楽しみにしている。マーケットにはお姉ちゃんがバギーを押してく

第2章 重複障害児の教育課程と自立活動の指導

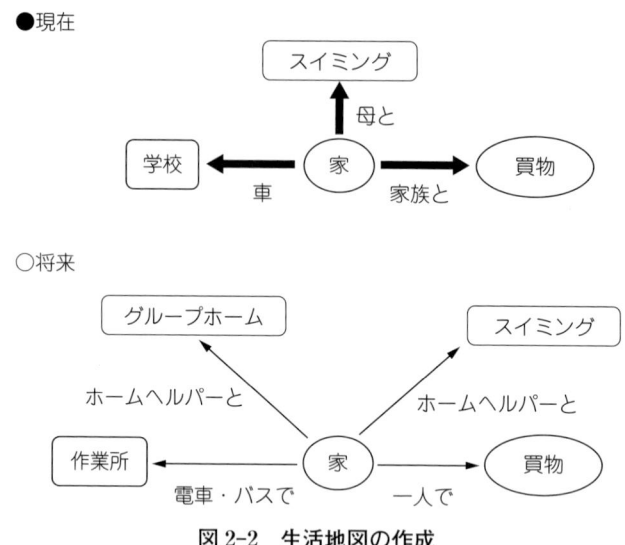

図2-2 生活地図の作成

れ，お母さんと3人で出かける。お姉ちゃんは，A君が好きそうなお菓子を見せて，買い物を楽しんでいる。お姉ちゃんもA君の好みをよく知ってくれている。A君はこのように家族からさまざまな支援を得て愉しい一日を送っているのである。

　ICF活用には，支援者を楽にするという目的がある。A君の場合一番の支援者はお母さんである。担任の先生はこの現在のA君の生活地図から，どう個別の指導計画を立て，時間による自立活動指導を実施すれば，A君の自主的な活動を支え，社会参加につながるのかを考えてみた。そのことが，お母さんを少しでも楽にすることにつながるのではないか。もちろん，お母さんは楽をしようと考えられているわけではないが，お母さんが楽になっただけA君は「自立」して行くように思えるのである。そこで先生は，将来の生活地図を描いて，お母さんに提案した。

　そこには，A君が将来，学校卒業し，隣町にある作業所に通う姿が描かれている。A君が毎日作業所に一人で通うには，バスで通うことを考えなくてはならない。バス停に行くまで，車いすか電動車いすを操作して移動する必要がある。それには今から，バスの利用の仕方，車いすや電動車いすの操作の仕方を学習する必要がある。そこで，担任の先生は，自立活動の内容から，区分⑤の「身体の動き」の(1)(2)(4)の項目を中心に指導プログラムを作ることを考えた。この力は大好きなマーケットの買い物に行くときにも活用できる。家族と行くのも楽しみの一つだけれど，時にはひとりで出かけることができるようになるのが活動の制約を少しでも取り除くことにつながるはずと考えた。また，「身体の動き」以外に，区分⑥の「コミュニケー

ション」の項目(1)(2)の学習も必要だと考えられ，そのプログラムを作ることにした。また，時にはグループホームですごしたり，スイミングへいって余暇を楽しむことも必要で，その時，介助者がお母さんでなく，ホームヘルパーさんの支援を得ていくとしたら，区分3の「人間関係の形成」の項目(1)(4)などの力の育成が当面必要となる。先生はこれに対しての指導プランも立て，お母さんやA君に自立活動の時間の指導について，思いを話した。

　自分で移動するために勉強する。この話になによりA君の目が輝いた。お母さんも目標に向かってがんばるということが大切ですね，と微笑んでおられた。

　「自立活動」の時間に何をするか。子どもの実態に即して，計画することはもちろんだが，この先生のように，支援者を楽にするには，当事者にどのような力がついて行けばいいのか。いろんな人の支援を受けながらも，当事者が充実した社会参加をしていくことができるなら，これほど自立活動の趣旨にあったことはないといえる。

　担任の先生のように，長期目標を立てながら，お母さん以外の人との関わりをすることができること，ことばでなくても自分の意思の伝達方法を考え，育てることを，自立活動に取り上げられたのはうなずける話ではないだろうか。

　後日談だが，A君はまだ在学中であるが，いま電動車いすの操作を学習し，散歩を楽しみにしているとのこと。また，多くのヘルパーさんに可愛がられ，スイミングを続けているとのことだった。

## (5) 重複障害のある子どもの実態把握と個別の指導計画
### ① 実態把握のための情報収集

　重複障害のある子どもの障害の状態は多岐にわたっていることが多いので，多方面からの情報の収集が必要である。まず，保護者との面談から，生育歴を聞きながら，医学的診断や所見を可能な限り正確に知ることが大切である。こうした情報は，子どもの感覚機能（見え方や聞こえ方）の評価をする際の有用な情報となる。しかし，この感覚機能（見え方や聞こえ方）の評価は，重複障害のある場合簡単ではない。専門家との連携や日常生活での細やかな観察が重要となる。これ以外にも，呼吸や生活リズムについて，発作の状況等健康面について，姿勢や移動の方法・運動に関する問題について，コミュニケーションの手段について，人や物との関わり方について等の情報を収集することも大切である。

② 実態把握のための行動観察

　実態把握の方法としては，標準化された検査を用いることが一般的だが，重複障害のある子どもにはこうした検査を適用することが困難な場合が多くある。そこでこうした場合，行動観察法による実態把握を行うことになる。

　行動観察法では，まず，子どもの生活場面や活動場面の様子を観察することが大切である。重複障害のある子どもの行動の意味を知るには，日頃から関わっている支援者からの情報も参考にしながら，行動の意味を理解したり解釈したりして整理することが重要である。

　次に，コミュニケーションの仕方等について整理してみよう。重複障害のある子どもは，言語理解はできていても，言語表出することが困難な場合も少なくない。場合によっては話し手の表情や状況の判断によって理解しているのかもしれない。ここでは一人ひとりの子どもの発信方法や確実にわかる受信方法を，子どもとの関わりのなかで確認していくことが大切である。発信方法も情動表出だけでなく，要求対象への直接行動で表現する場合や，指さし行動や身振りを活用する場合もあるだろう。こうした観察を通して使用可能なコミュニケーション手段を理解することが可能になるのである。

　また，重複障害のある子どもが，人との信頼関係をどのように築いているかを観察することは，子どもの心理的な側面を把握する重要なポイントである。この子の好きなことや嫌いなこと，やりたいことやできそうなこと等を把握することも支援方法を検討する際に有用な視点となる。

　こうした行動観察法は，教師側の細やかな気づきや感受性が大きく影響することはいうまでもないことである。

**参考文献**
学校教育法施行規則
独立行政法人国立特別支援教育総合研究所（編著）（2011）「ICF（国際生活機能分類）活用の試み　障害のある子どもの支援を中心に」．
文部科学省（2009）特別支援教育学習指導要領解説　総則編．
文部科学省（2009）特別支援教育学習指導要領解説　自立活動編．

（後上鐵夫）

# 第 3 章

## 学校教育における医療的ケア

## 1 「医療的ケア」という言葉

　江川文誠は,『ケアが街にやってきた――医療的ケアガイドブック』のなかで,「医療的ケア」という言葉についてわかりやすく解説している（江川・山田・加藤, 2008：20-24）。そのなかで,「医療的ケア」という言葉の発祥は, 医療現場からではなく, 教育現場からであり, 大阪の養護学校の校長であった松本嘉一が作った言葉であると述べられている。「医療的ケア」が生まれた背景として, 同著では, かつて病院を退院できる人は, なんとか口からご飯を食べることができ, なんとか排泄も自分で管理できる人に限られていたが, 医療技術・看護技術が進歩していくなかで, 唾液やたんを自分の口の中でうまく処理できない人が, 吸引器を自宅に持ち帰ることによって, また食事を口から摂ることが難しい人が胃ろうという手術を受けることによって, 食事を胃に注入する方法を身につけて退院できるようになってきたことにより, 在宅療養が可能になったことをあげている。それは小児科領域においても同様であり, 早期に退院できるようになってきたが, その子どもたちが就学する際に, 家族が担っていたケアをどのように呼ぶのかという議論が起こったことに端を発しているとされる。家族が行っているので「生活行為」ではないか, 医療のことだから「医療行為」ではないかという議論の末, 上述の松本氏が「医療的ケア」という言葉を生み出し, 教員や医師の間で使われるようになっていった。

## 2 医療的ケアの歴史的変遷

　従来であれば病院や施設で生活することの多かった障害の重い子どもたちが在宅医療の進歩普及により, 在宅での生活が可能になった。それは同時に, 医療的ケアを必要とする子どもが増加したことを示す。しかし, 学校教育における国レベルでの医療的ケアの対応については, 議論されないままであった。たんの吸引や経管栄養は「医行為」と整理されており, 医師または看護師などの免許を持たない者が反復継続する意思をもって行うことは法律上禁止されてきた一方で, 上述したように, 医療技術の進歩や在宅医療の普及を背景に, 当時の盲・聾・養護学校の在籍者のなかにも医療的ケアを必要とする児童生徒等が増加してきた。

## 2 医療的ケアの歴史的変遷

表 3-1　学校における医療的ケアの取り組み

| 【第0期】前史<br>（〜1988年） | 「生活行為」や「個々の自動生徒の特別な状況への配慮」一部大都市圏における学校独自の課題 |
|---|---|
| 【第1期】黎明期<br>（1988〜1997年） | 医療的ケアの課題が顕在化した1988年から各自治体や養護学校が暗中模索で取り組んできた期間，教育保障論・法律論・責任論が展開された。 |
| 【第2期】研究実践<br>（1998〜2002年） | 文部省「特殊教育における福祉・医療との連携に関する実践研究」（1998〜2000年）から「特殊教育における福祉・医療等との連携に関する実践研究」（2001〜2002年）の期間 |
| 【第3期】結論<br>（2003〜2004年） | 文部科学省「養護学校における医療的ケアに関するモデル事業」（2003〜2004年），厚生労働省設置「在宅及び養護学校における日常的な医療の医学的・法律学的整理に関する研究会」報告書（2004年）による結論 |
| 【第4期】発展・拡大<br>（2005〜2011年） | 文部科学省「盲・聾・養護学校における医療的ケア実施体制整備事業」（2007年度から「特別支援学校における医療的ケア体制整備事業」）で全国展開 |
| 【第5期】法制度化による質的転換<br>（2012年〜） | 厚生労働省「介護職員等によるたんの吸引等の実施のための制度の在り方に関する検討会」中間まとめ（2010年）および「介護サービスの基盤強化のための介護保険法等の一部を改正する法律」（2011年），文部科学省設置「特別支援学校等における医療的ケアの実施に関する検討会議」報告書「特別支援学校等における医療的ケアへの今後の対応について」（2011年）と通知にもとづく対応 |

（出所）　下川（2012）。

　その問題を顕在化したのは，1988年に東京都教育委員会が，医療的ケアを必要とする児童生徒の就学措置を「原則として訪問学級」とし，通学する場合には保護者の付き添いを求めたことによる（下川，2012）。下川（2012）は，それ以後の特別支援学校における医療的ケアの取り組みを6区分にして表3-1のように示している。

　教員による医療的ケアの実施が，横浜では市レベルでの取り組みとして25年以上前から先駆的に開始され，大阪では現場の教員や養護教諭の取り組みとして実践され，東京では都としての対応が開始されていたが，全国的なニーズの増加にもかかわらず，全国的レベルでの行政の取り組みは皆無であった（北住，2012：12）。そのような状況に対し，1998（平成10）年には障害児（者）の療育・医療に携わる関東地区医師有志が，一定の条件の下で教職員などが医療的ケアを行い得るか見解を明らかにするよう厚生省（当時）へ要望書を提出し，そのなかで「医療的ケア＝広く保険診療において在宅医療として認められる行為等」と規定し，一定の要件を満たせば非医療職によるケアの実施を認めるように要望した。

　医師たちが要望書を提出し，文部省（当時）は厚生省（当時）との連携のもとに，1998（平成10）年に，医療的ケアへの国としての初めての取り組みとして「特殊教育における福祉・医療との連携に関する実践研究」が全国の10都道府県の参加で開始され，そのなかで，国レベルとしては初めて「医療的ケア」という言葉が使用さ

れた。そして，その研究を受けて，2003（平成15）年「養護学校における医療的ケアに関する研究事業」（文部科学省）でより対象を拡大し，モデル事業として検討を拡大した。こうして，文部科学省では，当時の盲・聾・養護学校における医療ニーズの高い児童生徒等に対する教育・医療提供体制の在り方を探ってきた。モデル事業においては，教員がどこまでの行為を行い，看護師と教員がどのように連携すべきかといった点について検討が行われてきた。その結果，看護師が常駐し，看護師の具体的な指示の下に教員が一部行為を行う方式においては，医療安全が確保されるほか，授業の継続性の確保，登校日数の増加，児童生徒等と教員の信頼関係の向上等の意義が観察された。また，保護者が安心して児童生徒等を学校に通わせることができるようになるなど，保護者の負担の軽減効果も観察された。

　こうしたモデル事業の成果を受け，2004（平成16）年には，厚生労働省の「在宅及び養護学校における日常的な医療の医学的・法律学的整理に関する研究（平成16年度厚生労働科学研究費補助事業）」において検討・整理を行い，その報告を受け，厚生労働省が「盲・聾・養護学校におけるたんの吸引等の取扱いについて」（平成16年10月20日医政発第1020008号厚生労働省医政局長通知）を発出した。当該通知においては，看護師が常駐すること，必要な研修を受けること等を条件とし，実質的違法性阻却の考え方に基づいて特別支援学校の教員がたんの吸引や経管栄養を行うことは「やむを得ない」とする考え方が示された。これにより懸案であった「医療資格の無い教師が医療的ケアを行うことは医師法第17条違反ではないか」という疑義に対して，違法性の阻却という刑法上の規定を用いて一定の結論が出された。これ以後，特別支援学校では看護師を中心としつつ，教員と看護師の連携による実施体制の整備が急速に進んできた。

## 3　医療的ケアの法制化

　2011（平成23）年は医療的ケアにとって大きな変化のあった年とされる。それは2011（平成23）年6月15日「介護サービスの基盤強化のための介護保険法等の一部を改正する法律案（第6社会福祉士及び介護福祉士法の一部改正）」が成立したからである。

　これは，介護サービスの基盤強化のためであった。前述した違法性の阻却という法解釈による医療的ケアの実施を，法律により規定し合法化するものである。これ

によって，2012（平成24）年4月より一定の研修を受けた介護職員等は一定の条件の下にたんの吸引等の医療的ケアができるようになった。そして，これを受けて，これまで実質的違法性阻却の考え方に基づいて医療的ケアを実施してきた特別支援学校の教員についても，制度上実施することが可能となった。

これらは，文部科学省「特別支援学校等における医療的ケアの実施に関する検討会議」で検討された。これまでの特別支援学校における医療的ケアの実施体制を，新制度の下に円滑に移行させ，安全かつ適切な医療的ケアを提供することを目的に，対象となる幼児児童生徒の実態や特別支援学校の実施経験等を踏まえ，新制度下において特別支援学校が医療的ケアを行うに当たっての基本的な考え方や体制整備を図る上で留意すべき点などについて整理を行った。また，この制度は特別支援学校のみならず，幼稚園，小学校，中学校，高等学校，中等教育学校においても適用されることを考慮し，特別支援学校での実施経験等を踏まえ，小中学校等において医療的ケアを実施する際に留意すべき点についても示している。

制度の改正によって，一定の研修を受けた者が一定の条件の下にたんの吸引等を実施できる制度となった。これによって，口腔内の喀痰吸引，鼻腔内の喀痰吸引，気管カニューレ内部の喀痰吸引，胃ろうまたは腸ろうによる経管栄養，経鼻経管栄養を実施することが可能となった。

## 4 医療的ケアの必要な子どもの現状と課題

### （1） 特別支援学校における医療的ケアの基本的考え方

文部科学省は2011（平成23）年12月「特別支援学校等における医療的ケアへの今後の対応について」のなかで，以下のように通知している。

特別支援学校におけるこれまでの医療的ケアは，看護師及び准看護師（以下「看護師等」という。）を中心としながら教員が看護師等と連携協力することによって行われてきた。医療的ケアを実施する場合には，看護師等が常駐し，教員は看護師等の具体的指導の下に行ってきた。また，特別支援学校を所管する教育委員会が域内の学校を総括的に管理する体制を構築するとともに，医師，看護師その他の医療関係者（以下「医師等」という。）とのバックアップ体制の整備も図ってきた。こうした対応により医療安全が確保されるとともに教育面の成果が確認され，保護者の心理的・身体的負担も軽減されてきている。

### 第3章　学校教育における医療的ケア

　特別支援学校に在籍する児童生徒等の医療的ケアは，そもそも医師や看護師等でなければ対応できない行為が多い。特別支援学校で医療的ケアを必要とする児童生徒等は，障害が重度でかつ重複しており医療的ケアの実施や健康状態の管理に特別な配慮を要する者も多い。そのため教員がたんの吸引や経管栄養を実施するに当たっても，看護師等がいつでも対応できる環境を必要としてきた。また，最近の傾向として，児童生徒等に対する医療的ケアの内容が，より熟練を要し複雑化している状況にある。

　こうしたことから，特別支援学校において医療的ケアを安全に実施するためには，児童生徒等の状態によって一定数の看護師等の配置が適切に行われることが重要である。

　また，新制度においては，経管栄養を行う際のチューブ確認等は引き続き看護師等が行うものとされ，教員やそれ以外の者（以下「教員等」という。）が特定行為を行うに当たっては看護師等との定期的な連携も求められていることから，新制度において教員等が特定行為を行うに当たっても看護師等の関与が求められる。

　以上のような特別支援学校における医療的ケア実施の経緯，対象とする児童生徒等の実態，新制度において必要とされる看護師等との連携協力を踏まえれば，特別支援学校において医療的ケアを実施する際には，次のような体制が必要であると考える。

① 特別支援学校で医療的ケアを行う場合には，医療的ケアを必要とする児童生徒等の状態に応じ看護師等の適切な配置を行うとともに，看護師等を中心に教員等が連携協力して特定行為に当たること。なお，児童生徒等の状態に応じ，必ずしも看護師等が直接特定行為を行う必要がない場合であっても，看護師等による定期的な巡回や医師等といつでも相談できる体制を整備するなど医療安全を確保するための十分な措置を講じること。

② 特別支援学校において認定特定行為業務従事者となる者は，医療安全を確実に確保するために，対象となる児童生徒等の障害の状態や行動の特性を把握し，信頼関係が築かれている必要があることから，特定の児童生徒等との関係性が十分ある教員が望ましいこと。また，教員以外の者について，たとえば介助員等の介護職員についても，上記のような特定の児童生徒等との関係性が十分認められる場合には，これらの者が担当することも考えられること。

③ 教育委員会の総括的な管理体制の下に，特別支援学校において学校長を中心

に組織的な体制を整備すること。また，医師等，保護者等との連携協力の下に体制整備を図ること。

この通知において，従来「教員が対応するためには看護師常駐」という条件が外され，巡回している看護師でもよいことに変更された。しかし，これによって看護師の役割はどんどん多くなるが，看護師の数がそれに見合わず，保護者の付き添いが求められる例が増加している自治体もある（下川，2013）。

また，それまで問題になっていた課題のなかに，学校の敷地外では教員が対応できないというものがあった。2011（平成23）年の通知では，その部分が緩和され，条件が整えば校外学習などで教員が対応してもよいことが示された。しかし，依然としてスクールバスの送迎については，看護師等による対応が必要であるとされている。

### （2） 特別支援学校における医療的ケアの現状

#### ① 在籍数と医療的ケアの内容

文部科学省「平成25年度特別支援学校における医療的ケアに関する調査結果」（2013年5月1日現在）によると，特別支援学校に在籍する医療的ケアが必要な幼児児童生徒数は7,842名であり，特別支援学校の全在籍者数の6.1％に当たる（表3-2）。特に小学部では，その割合は10.8％と高い。また，医療的ケアの必要な幼児児童生徒は年々増加傾向にあることもわかる（表3-4）。

どのような医療的ケアを行っているのかについては，表3-3に示した。7,842名の幼児児童生徒が，延べ2万5,175件の医療的ケアを必要としており，一人で複数のケアを必要とする幼児児童生徒が多い状況であることがわかる。行為別に見ると，延べ件数のうち，たんの吸引等呼吸器関係が68.5％，経管栄養等栄養関係が25.2％，導尿が2.4％，その他が3.9％であり，このうち鼻腔に留置されている管からの栄養注入など認定特定行為業務従事者に許容されている行為，つまり教員が対応できる行為は51.6％であった。残りの48.4％は原則として，看護師が対応している状況である。2011（平成23）年度までは，教員の対応できる行為は約4割で，看護師が約6割という割合で推移していたことを考えると，2012（平成24）年度からの新制度により，気管カニューレ内部の喀痰吸引も教員が対応できるようになったことが影響をし，教員が対応できる割合が増えたことがわかる。しかし，教員が対応できることが増えたからといって，看護師配置が不要になるわけではなく，看護師の配置

第3章　学校教育における医療的ケア

**表3-2　平成25年度特別支援学校における医療的ケアの必要な幼児児童生徒数**

| 区分 | 幼稚部 | 小学部 | 中学部 | 高等部[※1] | 合計 |
|---|---|---|---|---|---|
| 通学生 | 36 | 2,877 | 1,439 | 1,302 | 5,654 |
| 訪問教育（家庭） | 0 | 606 | 247 | 258 | 1,111 |
| 訪問教育（施設） | 0 | 183 | 99 | 153 | 435 |
| 訪問教育（病院） | 0 | 286 | 145 | 211 | 642 |
| 合　計 | 36 | 3,952 | 1,930 | 1,924 | 7,842 |
| 在籍者数（名）[※2] | 1,480 | 36,614 | 28,597 | 60,829 | 127,520 |
| 割合（％） | 2.40% | 10.80% | 6.70% | 3.20% | 6.10% |

（注）※1　高等部の専攻科は除く。
　　　※2　平成25年度学校基本調査による。
（出所）　文部科学省「平成25年度特別支援学校における医療的ケアに関する調査結果」
　　　　（2013年5月1日現在）。

**表3-3　平成25年度特別支援学校における医療的ケア行為別幼児児童生徒数**

| | 医療的ケア項目 | 計（名） | 割合（％） |
|---|---|---|---|
| 栄養 | 経管栄養（鼻腔に留置されている管からの注入） | 2,376 | |
| | 経管栄養（胃ろう） | 3,672 | |
| | 経管栄養（腸ろう） | 137 | |
| | 経管栄養（口腔ネラトン法） | 66 | |
| | IVH中心静脈栄養 | 105 | |
| | 小　計 | 6,356 | 25.20% |
| 呼吸 | 口腔・鼻腔内吸引（咽頭より手前まで） | 3,967 | |
| | 口腔・鼻腔内吸引（咽頭より奥の気道） | 2,532 | |
| | 気管切開部（気管カニューレ）からの吸引 | 2,844 | |
| | 経鼻咽頭エアウェア内吸引 | 233 | |
| | 気管切開部の衛生管理 | 2,728 | |
| | ネブライザー等による薬液（気管支拡張剤等）の吸引 | 2,010 | |
| | 経鼻咽頭エアウェアの装着 | 205 | |
| | 酸素療法 | 1,447 | |
| | 人工呼吸器の使用 | 1,270 | |
| | 小　計 | 17,236 | 68.50% |
| 排泄 | 導尿※本人が自ら行う導尿を除く | 599 | 2.40% |
| その他 | | 984 | 3.90% |
| | 合計（延人数） | 25,175 | 100.00% |
| 医療的ケアが必要な幼児児童生徒数 | | 7,842 | |

（出所）　表3-2に同じ。

表3-4 特別支援学校における看護師数と教員の関わり

| 年度 \ 対象等 | 医療的ケア対象幼児児童生徒 在籍校数（校） | 幼児児童生徒数（名） | 看護師数（名） | 教員数（名）※2 |
|---|---|---|---|---|
| 2006（平成18） | 553 | 5,901 | 707 | 2,738 |
| 2007（平成19） | 548 | 6,136 | 853 | 3,076 |
| 2008（平成20） | 575 | 6,623 | 893 | 3,442 |
| 2009（平成21） | 600 | 6,981 | 925 | 3,520 |
| 2010（平成22） | 607 | 7,306 | 1,049 | 3,772 |
| 2011（平成23）※1 | 580 | 7,350 | 1,044 | 3,983 |
| 2012（平成24） | 615 | 7,531 | 1,291 | 3,236 |
| 2013（平成25） | 615 | 7,842 | 1,354 | 3,493 |

（注）※1 岩手県，宮城県，福島県，仙台市は調査対象外。
※2 平成24年度からは，認定特定行為業務従事者として医療的ケアを行っている教員数。
（出所）表3-2に同じ。

を進めていくことは変わらず重要なことであるだろう。

② 看護師数，対応教員数の推移（表3-4）

 特別支援学校における看護師配置数は，2013（平成25）年度では1,354名であり，2006（平成18）年度の707名と比較をすると，約2倍の配置数となっている。次に，医療的ケアに関わる教員数は，2013（平成25）年度では3,493名であった。2011（平成23）年度は3,983名であり，それと比較すると減少しているが，これは，2012（平成24）年度に認定特定行為業務従事者の法制度に則った対応による人数減少だと考えられる。

(3) 小学校・中学校における医療的ケアの基本的考え方

 下川（2012）によると，小学校・中学校での医療的ケアの課題が国会で取り上げられたのは，1994年に二分脊椎症の児童の導尿に保護者が付き添っている事例を国会で質問したのが最初である。この時，当時の厚生省の担当者は，看護師免許をもつ養護教諭による対応の可能性を示唆したが，当時の文部省はそれを認めなかった。

 しかし，特別支援学校における医療的ケアの意義が認められるようになる中，小学校・中学校においても医療的ケアが実施されるようになってきた。先の文部科学省の通知によると，特別支援学校以外の学校における医療的ケアについても触れられた。以下にそれを要約する。

 これまで小中学校等において医療的ケアを行う場合には，看護師等を配置するこ

## 第3章　学校教育における医療的ケア

とを中心として対応してきた。今回の制度改正により，特定行為については小中学校等においても一定の研修を受けた介護職員等が制度上実施することが可能となるが，介護職員等は職種を特定したものではないことから，小中学校等の教員等も一定の研修を受ければ特定行為の実施が可能となる。

他方で，小中学校等は特別支援学校に比べて，教員1人が担当する学級規模が大きいことや施設設備等の面でも差があるほか，小中学校等の教員は医療的ケアを必要とする児童生徒等以外の者についても日常の安全を確保することが求められている。また，学級に医療的ケアを必要とする児童生徒等が在籍しても，疾病や身体に係る特性に関する教員の知識等が十分とは言い難い面や，医療技術の進歩に伴い必要とされる医療的ケアが必ずしも軽微なものに限らない状態の場合がある。さらに，近年，社会の価値観の多様化や地域や家庭の教育力の低下，学習指導要領の改訂等への対応など，学校の業務が一層増加するなかで，小中学校等の教員が児童生徒等と向き合う時間を確保し，本来の教育活動を十分行えるような環境整備を確保することが重要な課題として指摘されている。

以上のことから，小中学校等において医療的ケアを実施する場合には，次のような体制整備が必要である。

① 小中学校等においては，「3．特別支援学校における医療的ケア　2．実施体制の整備　(4) 登録特定行為事業者（各特別支援学校）における体制整備　2．保護者との関係[1]」にあるような学校と保護者との連携協力を前提に，原則として看護師等を配置または活用しながら，主として看護師等が医療的ケアに当たり，教員等がバックアップする体制が望ましいこと。
② 児童生徒等が必要とする特定行為が軽微なものでかつ実施の頻度も少ない場合には，介助員等の介護職員について，主治医等の意見を踏まえつつ，特定の児童生徒等との関係性が十分認められたうえで，その者が特定行為を実施し看護師等が巡回する体制が考えられること。
③ 教育委員会の総括的な管理体制の下に，各学校において学校長を中心に組織的な体制を整備すること。また，医師等，保護者等との連携協力の下に体制整備を図ること。

この通知からわかることは，小・中学校の教員であっても一定の研修を受けることで，特定行為の実施が可能となったということである。しかしながら，特別支援

4 医療的ケアの必要な子どもの現状と課題

表3-5 小・中学校における医療的ケアが必要な児童生徒数（名）

| 校種<br>年度 | 小学校 通常の学級 | 小学校 特別支援学級 | 小学校 計 | 中学校 通常の学級 | 中学校 特別支援学級 | 中学校 計 | 小・中学校計 通常の学級 | 小・中学校計 特別支援学級 | 小・中学校計 計 |
|---|---|---|---|---|---|---|---|---|---|
| 2011（平成23） | 235 | 337 | 572 | 30 | 68 | 98 | 265 | 405 | 670 |
| 2012（平成24） | 259 | 432 | 691 | 52 | 95 | 147 | 311 | 527 | 838 |
| 2013（平成25） | 257 | 418 | 675 | 46 | 92 | 138 | 303 | 510 | 813 |

※ 公立の小学校，中学校（中等教育学校の前期課程を含む）を調査対象としている。
※ 「医療的ケアが必要な児童生徒」とは，小・中学校において日常的に，看護師や保護者などから，経管栄養やたんの吸引などの医行為を受けている者である（本人が行うものを除く）。
※ 1人が複数の行為を要する場合は，それぞれ該当する項目に1名分ずつ計上する。よって「②行為別医療的ケアが必要な児童生徒数」の計は延人数となる。
※ 2011（平成23）年度は，東日本大震災の影響を考慮し，岩手県，宮城県，福島県及び仙台市においては調査を実施していない。また，東京都においては調査への回答が得られなかった自治体がある。
（出所）文部科学省「平成25年度小・中学校における医療的ケアに関する調査結果」（2013年5月1日）。

学校とは異なり，教員1人が担当する学級規模が大きいことや施設設備等の面でも差があるため，主として看護師等が医療的ケアに当たり，教員等がバックアップする体制が望ましいとされている。

（4） 小学校・中学校における医療的ケアを必要とする児童生徒在籍数と医療的ケアの内容

特別支援学校における医療的ケアの実施体制状況調査は10年ほど前から実施されているが，小学校・中学校における医療的ケアの実施体制状況調査は2012（平成24）年から始まったばかりである。文部科学省「平成25年度小・中学校における医療的ケアに関する調査結果」（2013年5月1日現在）によると，小・中学校に在籍する医療的ケアが必要な幼児児童生徒数は813名であった（表3-5）。

どのような医療的ケアを行っているのかについては，表3-6に示した。813名の児童生徒が，延べ1,186件の医療的ケアを必要としていた。行為別に見ると，延べ件数のうち，たんの吸引等呼吸器関係が48.4％，経管栄養等栄養関係が18.2％，導尿が23.4％，その他が10.0％であった。

第3章　学校教育における医療的ケア

**表3-6　平成25年度小・中学校における医療的ケア行為別幼児児童生徒数**

| 医療的ケア項目 | | 計（名） | 割合（％） |
|---|---|---|---|
| 栄養 | 経管栄養（鼻腔に留置されている管からの注入） | 52 | |
| | 経管栄養（胃ろう） | 147 | |
| | 経管栄養（腸ろう） | 6 | |
| | 経管栄養（口腔ネラトン法） | 1 | |
| | IVH中心静脈栄養 | 10 | |
| | 小　計 | 216 | 18.20% |
| 呼吸 | 口腔・鼻腔内吸引（咽頭より手前まで） | 72 | |
| | 口腔・鼻腔内吸引（咽頭より奥の気道） | 31 | |
| | 気管切開部（気管カニューレ）からの吸引 | 184 | |
| | 経鼻咽頭エアウェア内吸引 | 4 | |
| | 気管切開部の衛生管理 | 99 | |
| | ネブライザー等による薬液（気管支拡張剤等）の吸引 | 29 | |
| | 経鼻咽頭エアウェアの装着 | 4 | |
| | 酸素療法 | 103 | |
| | 人工呼吸器の使用 | 48 | |
| | 小　計 | 574 | 48.40% |
| 排泄 | 導尿　※本人が自ら行う導尿を除く | 278 | 23.40% |
| その他 | ※上記項目以外で，小・中学校において児童生徒が日常的に受けているケアで，医行為としてとらえている行為 | 118 | 10.00% |
| 合計（延人数） | | 1,186 | 100.00% |

※　公立の小学校，中学校（中等教育学校の前期課程を含む）を調査対象としている。
※　「医療的ケアが必要な児童生徒」とは，小・中学校において日常的に，看護師や保護者などから，経管栄養やたんの吸引などの医行為を受けている者である（本人が行うものを除く）。
※　1人が複数の行為を要する場合は，それぞれ該当する項目に1名分ずつ計上する。よって「②行為別医療的ケアが必要な児童生徒数」の計は延人数となる。
（出所）　表3-5に同じ。

# 5　医療的ケアの意義

　学校において，医療的ケアを教員および看護師が行うことには，どのような効果があり，意義があるのだろうか。医療的ケアの意義について，文部科学省「養護学校における医療的ケアに関するモデル事業」の成果報告からみていきたい。
　まず，対象児童生徒に対する教育効果として，6点が挙げられている。

① 教員が関わることで，教育活動を中断することなく，授業の継続性が保たれるようになり，学習が計画的に行われた。
② 児童生徒の生活範囲が拡大し，環境からの働きかけが大幅に増え，学習の基礎が培われた。

　　医療的ケアを学校で受けられるようになることは，毎日学校に登校できることにつながり，これまで，自宅や病院で訪問教育を受けていた頃に比べ，さまざまな経験ができるようになっている。たとえば，校内の多くの仲間や教職員とのかかわりがあり，それらに応えることでコミュニケーションが大きく広がるなど，家庭では得ることのできないさまざまな刺激が得られている。
③ 自立心が養われた。

　　限られた人間関係の中で生活している児童生徒にとって，教員がその関係のなかに入り医療的ケアを行うことは，保護者から離れた生活を経験し，他者の受け入れができるようになり，自立心が養われることになる。
④ 教育の基盤である信頼関係が高まった。

　　毎日の授業を行う教員が医療的ケアを実施することで，児童生徒との信頼関係をより強固なものにしている。どんなに障害が重度・重複化していようとも，探究心はもっている。毎日の授業のなかで児童生徒の興味・関心などに応じて教材等を工夫して指導を行っている教員が医療的ケアを行うことで，その教員に対する安心感や，信頼感が寄せられるようになり，他人を受け入れる基盤ができる。

　　また，信頼関係が築かれることで，指導内容も素直に受け入れられるようになり，学習効果も大いに期待できる。
⑤ 身体内面の健康観察により，健康管理が充実した。

　　重度・重複障害児の学習を継続するためには，健康管理がもっとも重要である。食事，排泄，睡眠など生命の維持のための基本的な健康管理が学習の場にも求められている。常に，児童生徒の身近にいて体調の変化を感じられる教員による健康管理は，快適な学校生活を送る上では必要であり，安定した状態を長い時間過ごすことができ，教員に対する信頼が強くなるとともに，指導効果が高まった。
⑥ 生活リズムを確立することができた。

　　医療的ケアの必要な児童生徒が，毎日登校できること，学校で経管栄養などの対応を行うことで，毎日の生活のリズムが確立し，体調が安定した。

第3章 学校教育における医療的ケア

次に，保護者からみた成果として3点が挙げられている。
① 安全面での体制整備が図られたことにより，安心して学校へ登校させることができるようになった。
② 学校待機がなくなり，保護者の負担が軽減された。
　　保護者自身の体調の安定にもつながり，他の家族へ目を向けたり，PTA活動への参加ができるようになった。気持ちに余裕をもつことができるようになったことで，子どもに対しても余裕をもって接することができるようになった。
③ 子どもの成長を実感できるようになり，学校への信頼が増した。

教師からみた成果としては5点が挙げられている。
① 看護師がそばにいることで，安心して医療的ケア等に携わることができた。
② 医療的配慮・健康状態のことを看護師に相談でき，指導に生かせるとともに，教育活動に重点を置くことができた。
③ 看護師が身近にいることで，知識・手技等の研修を受けることができた。
④ 健康管理・健康指導に関する教員の資質の向上につながった。
⑤ 予見と注意の義務の徹底により，教員の危機管理意識の高揚につながった。

　以上をまとめると，医療的ケアを行うことによって，対象の児童生徒と教員の関係性が深まったり，学習への継続参加が可能になることで，活動の機会と場が広がったり，発達に応じた自立心が芽生えたりといった効果が確認できたといえよう。また保護者にとっても，対象児童生徒に対して，教員と共通理解や連携する機会が増えることで，学校への信頼感が増したり，保護者の負担が軽減し，それが家族のQOL維持へ貢献できたりと多くの意義が認められた。
　医療的ケアを行うことは教育的意義だけではなく，医療的意義もあるといわれている。かつては，医療的なケアを要するような重度な児童が通学することにより死亡率が増えるのではないかという危惧が医師から表明されていた。しかし，医療的ケアが学校でも必要に応じて実施されることにより，誤嚥や脱水を防いだり，呼吸困難の防止や軽減が可能になり，健康・生命が維持できるといった意義が認められた。そして，学校スタッフが医療的ケアに関わることを通して，適切な医療的配慮も向上しており，医療的ケアの実施が進むなかで生徒の急変や死亡がむしろ減少したとの報告もある（北住，2012：11-12）。
　このように，教員による医療的ケアが行われることによって，かつては訪問教育

でしか教育を受けることができなかった子どもや，保護者同伴でしか学校に通うことのできなかった子どもが，命を守りながら学校という場で教育を受けるという当たり前のことが可能になったといえる。

## 6　子ども中心の医療的ケアの実現を目指して

　医療的ケアを行う目的は，児童生徒の健康状態を把握したうえで，快適な環境のもとで学習を継続していくために必要な医療的生活支援行為を行うことで，健康と安全を保持し，社会的自立を目指すことである。

　つまり，学校で実施する医療的ケアは，子どもの成長・発達への支援であり，子どもがもっている能力を最大限に発揮させるための援助であるという教育的な意義を全教職員が十分認識し，子どもを中心に情報を共有化し，互いの専門性を尊重して「子どものために」という共通認識のもと日々の教育活動を行い，必要なケアに関わるような姿勢が求められているといえる（上原，2008：90-91）。

　飯野順子は学校における医療的ケアは，子どもの心に寄り添うケアでなければならないとし（飯野ほか，2006），具体的に10のポイントを挙げている（飯野，2004）。

① 子どもが主人公であり，子どもの権利や主体性を尊重すること。
② 適宜・適時性のあるケアが行われること。安心感・信頼感をもってケアが受けられるようにしていくこと。
③ 子どもが，自分の身体を良きものとする肯定的なボディーイメージを持ち，自己への信頼感をもてるようにすること。排痰の体験によって，たんを出すコツがわかるようになること。
④ 同時に，他者への信頼感・安心感が育つようにすること。
⑤ たんの吸引が必要かどうかについて判断するのは，子どもの状態をよく知っている教員であること。
⑥ 集中して授業に向かう積極的な姿勢づくりや健康づくりの観点から，医療的ケアを指導の一環に位置づける状況づくりをすること。
⑦ 授業の準備としての医療的ケアではなく，授業の一環としてたんの吸引に取り組むための工夫を行うこと。
⑧ 子どものコミュニケーションの能力を広げ，自己表現，自己選択，自己決定の能力が育つようにすること。

第3章　学校教育における医療的ケア

⑨ 健康状態が改善されて，授業に主体的に関わり，いろいろな取組を楽しめること等が，心理面，社会面での発展・向上につながる。この3者（からだ，心理，社会性）の相互の関連を意義づけること。
⑩ 自立活動等の教育活動に位置づけ，教育上の意義を明確にすること。

　ある特別支援学校での話である。その学校には，医療的ケアを必要とする児童生徒が数多く在籍しており，看護師も常駐している。その学校の先生たちを観察していると，子どもの側を離れる時は，必ず「〇〇さん，少しだけ〜に行ってくるね」と声をかけ，看護師にしかできない医療的ケアを行う際には，「これから〇〇してもらおうね」と一緒にその様子を見守る。また，子どものひとりが代表で活動を行う時は，みんなでそれを見るために，車いすやベッドをさっと集合させる。そして，午前中に身体の状態を徹底的に把握して，身体をほぐし，午後からの授業に照準を合わせる。どのような時も，子どもが中心であり，それに教員が積極的に関わっている。教育と医療が切り離されたものととらえるのではなく，教育としての医療的ケアの実践が徹底されている。子どもも学校を楽しみにしている。そしてそこに流れる空気は大変穏やかなものである。
　これは容易なことのようで，容易ではない。教員は教育の専門家であり，医療者は医療の専門家である。そのため，お互いの領域に足を踏み入れることは敬遠されがちである。しかし，目指すところは同じであり，子どものための最善の教育である。いろいろな立場から子どもを見ることで，子ども理解もより深まると考える。柔軟な考え方をもって「協働」できる教育現場を目指して，日々の教育を丁寧に行うことが重要であろう。

注
1）「特別支援学校等における医療的ケアへの今後の対応について」3．2．(4) 2．保護者との関係
　1）看護師等及び教員等による対応に当たっては，保護者から，特定行為の実施についての学校への依頼と当該学校で実施することの同意について，書面で提出させること。なお，保護者が書面による提出を行うに当たっては，看護師等及び教員等の対応能力には限りがあることや，児童生徒等の健康状態が優れない場合の無理な登校は適当でないこと等について，学校が保護者に対して十分説明の上，保護者がこの点について認識し，相互に連携協力することが必要であること。
　2）健康状態について十分把握できるよう，事前に保護者から対象となる児童生徒等に関する病状についての説明を受けておくこと。

3）対象となる児童生徒等の病状について，当該児童生徒等が登校する日には，連絡帳等により，保護者との間で十分に連絡を取り合うこと．
4）登校後の健康状態に異常が認められた場合，保護者に速やかに連絡をとり，対応について相談すること．

**参考文献**

江川文誠（2008）医療的ケアって何？　江川文誠・山田章弘・加藤洋子（編著）ケアが街にやってきた―医療的ケアガイドブック―　クリエイツかもがわ，20-24．

飯野順子（2004）子供の心に寄り添う医療的ケアを目指して　肢体不自由教育，163，13-20．

飯野順子・医療と教育研究会（編著）（2006）生命の輝く教育を目指して―医療的ケアの課題に取り組んで，見えてきたこと―　ジアース教育新社．

北住映二（2012）医療的ケアとは　日本小児神経学会社会活動委員会・北住映二・杉本健郎　新版医療的ケア研修テキスト　クリエイツかもがわ，10-23．

下川和洋（2012）学校教育における医療的ケアの到達点と課題　障害者問題研究，40，116-123．

下川和洋（2013）学校での「医療的ケア」の歴史と現状，そして今後　NPO法人医療的ケアネット　医療的ケア児者の地域生活支援の行方―法制化の検証と課題―　クリエイツかもがわ，168-197．

上原則子（2008）校長としてのかかわり方　江川文誠・山田章弘・加藤洋子（編著）ケアが街にやってきた―医療的ケアガイドブック―　クリエイツかもがわ，90-91．

（渡邉照美）

# 第 4 章
## 重複障害児を教育する教師の専門性

# *1* 障害の理解

## （1） 表記上の問題

　本書のタイトルは『エピソードで学ぶ　障碍の重い子どもの理解と支援』である。ここでは「しょうがい」の漢字表記を「障碍」としているが，本章では「障害」としている。広辞苑 5 版においては「しょう−がい【障害・障碍】　1）さわり。さまたげ。じゃま。「——を乗りこえる」2）身体器官に何らかのさわりがあって機能を果さないこと。「言語——」3）障害競走・障害物競走の略。」というように同義語として扱っている。また，わが国の法令における漢字表記については，「常用漢字表」によることとなっており，したがって，法令の表記は「障害」に統一されている。

　しかしながら，「しょうがい」の漢字表記については，内閣府設置の「障がい者制度改革推進会議」の検討課題となったように，大きな社会的関心事である。それぞれの表記が適切だとする論拠は，語源・字源に関するもの，字の印象に関するもの，今日の障害観である「社会モデル」にふさわしい表記か否かなどさまざまであるが，人に対して人権尊重の観点から「公害，害虫，殺害……」など負の印象が強い「害」という字を使うべきではないということが「障害（者）」の表記を変える議論の発端である。

　「しょうがい（者）」の表記については，「障碍（者）」とすることが適切だとする人が少なくない。その論拠の多くが表記のもたらす「しょうがい観」のイメージの相違を挙げている。「障害」という表記は，「障害」がすべて個人に帰属するという「医学モデル」の「しょうがい観」をイメージさせるが，「障碍」は，今日の「しょうがい観」である「社会モデル」をイメージしやすいものであるとしている。その理由として「碍」の原字は「礙」であり，「石を前にして人が立ちつくし，思いまようさま」を表す字であり，また古くから「障碍」「障碍物」「碍子」「融通無碍」など物や事象を対象に使用されてきた経緯がある。ここからは「しょうがい」が個人に帰属するものだけではなく，社会的障壁によって形成されるものでもあるということをイメージしやすい表記であることを取り上げていることが多い。

　このほか「障がい（者）」とすることが適切だとする論もある。「碍」を常用漢字に追加して「障碍（者）」としても，仏教語に由来する「障碍（障礙〔しょうげ〕）」の語源・

字源に関する問題があるということがその論拠である。

このようなこともあって，一部の有識者から，文脈によっては読み取りにくかったり，語の意味を把握しにくくさせたりすることもあると批判がある「交ぜ書き」で，「障がい（者）」と表記することを採用している行政機関が少なくない。

また，「障害者の権利に関する条約（Convention on the Rights of Persons with Disabilities）」において「障害」は個人と社会的障壁との相互作用であるという観点（社会モデル）から，個人の属性としてとらえ「障害者」という表記を「persons with disabilities」としてタイトルに用いていることもあって，「障害者」については「障害（碍）のある者」などと表記することが適切だとする論もある。

前述の「障がい者制度改革推進会議」においても，どのような表記が適切か共通見解をだせず今日に至っている。いずれの立場であっても「障害（碍）は，環境との相互作用の結果で生起するもの（社会モデル）であって，個人のみに帰属するものではないとしていることや障害（碍）者の差別を助長する用語は不適切である。」ということでは一致している。人権尊重重視の観点で表記方法がまとまることを願いつつ，法令との関連で読者の混乱を避けるために，本章では「障害（者）」と表記する。

## （2） 法による定義

障害者に関連する実定法や制度の基本的な考え方を示した「障害者基本法」（1970年5月制定，2013年6月最終改正）第2条第1号において，「障害者」は「身体障害，知的障害，精神障害（発達障害を含む），その他の心身の機能の障害（以下「障害」と総称する）があるものであって，障害及び社会的障壁により継続的に日常生活又は社会生活に相当な制限を受ける状態にあるものをいう。」と定めている。また，同条第2号において，「社会的障壁」は「障害がある者にとって日常生活又は社会生活を営む上で障壁となるような社会における事物，制度，慣行，観念その他一切のものをいう。」と定めている。

このように「障害者」に対して用いられる「障害」の定義は「心身の機能損傷並びに心身の機能損傷がある者にとっての社会的障壁」となる。

また，それぞれの法令等における「障害者」の定義は，身体障害者においては「身体障害者福祉法」（第4条），精神障害者においては「精神保健及び精神障害者福祉に関する法律」（第5条），発達障害者においては「発達障害者支援法」（第4条第2項）などの個別実定法で規定している。

第4章　重複障害児を教育する教師の専門性

　ただし，これらの実定法における定義は，児童福祉法との関係で18歳以上の者を「障害者」と定義しているものが多い。18歳未満の者については，児童福祉法第4条第2項に「障害児」として規定されている。

　なお，知的障害者については「知的障害者福祉法」において明確な定義が認められず，「療育手帳制度」を根拠に各都道府県が独自に障害の程度及び判定基準を定めている。

　学校教育関連法令においては，学校教育法施行令第22条の3において，特別支援学校が対象とする者の「視覚障害」「聴覚障害」「肢体不自由」「知的障害」「病弱（身体虚弱者を含む）」の程度を定めている。また，学校教育法第81条第2項において，特別支援学級が対象とする者を「知的障害者」「肢体不自由者」「病弱者」「弱視者」「難聴者」「その他障害のある者で，特別支援学級において教育を行うことが適当なもの」と定め，文部科学省初等中等局長通知「障害のある児童生徒等に対する早期からの一貫した支援について」（平成25年10月4日）で，それぞれの障害の程度を定めている。

　なお，この通知には「病弱者」「言語障害者」「自閉症・情緒障害者」が追加されている。さらに「通級による指導」が対象とする者の障害の種類（「言語障害」「自閉症」「情緒障害」「弱視」「難聴」「学習障害」「注意欠陥多動性障害」「肢体不自由，病弱及び身体虚弱」）と程度も定められている。

　このように法令等に規定する「障害（者）」の定義は，それぞれの法令等が規定する支援を受けることができる「障害」の種類と程度から成り立っている。

　したがって，法における「障害（者）」の定義は，法令等（資格制限諸法を除く）で定める支援内容を受けられる権利を有する「障害（者）」の範囲，並びに国民（国・地方公共団体）が支援を行う義務がある「障害（者）」の範囲を示したものであると理解する必要がある。

## （3）　教育実践家としてのとらえ方

　1950年代当時，ほとんど教育不可能とみなされていた，盲聾重複障害児に対する教育内容・方法の開発に，多大なる業績を残した心理学者の梅津八三（1906～1991年）の「障害」の定義を，一つのとらえ方として紹介する。

　梅津八三は「障害」を「ある生体における生命過程において，現におこっている"とまどい"，"つまずき"，"とどこおり"である。」（梅津，1997）とし，その状況を「障害状況」と称している。また，この「障害状況」から立ち直るような新しい対

処を発見し，それを実行し，実績をあげることが，教育的対処であるとしている。

　これらの根底には，「人に限らず，生きものが生きている限り，その個体と周囲の間に，なんらかの相互交渉（同化・調節）が進行しており，この進行につれて，個体内の状態や周囲の状況も変化する。その個体においては，それらの変化を調節しながら対応したり，対抗する秩序の立て直し（順応変換）やその個体にとって新しい秩序の構成（順応形成）をしたりして，相互交渉が続けられる。このような状況下で，ある個体にとって，個体内の状態や周囲の状況の変化が非常に大きかったり，急激に起こったりすると前述の「障害状況」に陥る。」（梅津，1997，引用者要約）という考えがある。

　ここには「障害」を，単に特別な支援を受けることのできる権利者としての範囲を定めたものではなく，「障害状況」から立ち直るためには，個体内の状態や周囲の状況の変化に対する個体の調節や順応の仕方が鍵になるという，教育的対処の手立てを発見するためのヒントが内包されている。

　この考えは，特別支援学校等の教育課程上重要な位置を占める指導領域である「自立活動」の目標「個々の児童又は生徒が自立を目指し，障害による学習上又は生活上の困難を主体的に改善・克服するために必要な知識，技能，態度及び習慣を養い，もって心身の調和的発達の基盤を培う。」（特別支援学校学習指導要領等）の達成に接近するうえでも意義のあるものである。

　例として，室温の低下によって教育対象者（A）が学習に集中できない状況を想定すると，次のような場合がある。①室温の低下（周囲の状況の変化）が→②Aの体温の低下（個体内の状態の変化）を招く→③その結果，学習活動がとどこおる（障害＝障害状況）→④したがって，学習上の困難が生じる→⑤そこで教師に「寒い」ということを訴える（秩序の立て直しの手段）→⑥教師は室温を上げる（周囲の状況の変化）→⑦体温が戻り（個体内の状態の変化）→⑧学習に集中でき（秩序の立て直し），学習上の困難も解消できる。

　ここでは，Aが教師に「寒い」ということを伝達できなければ，学習に集中するという秩序の立て直しはできない（自立活動の「コミュニケーション」に関する内容が課題となる）。このほか，体温調節機能（防衛体力）を向上させること，衣服を重ね着すること，エアコンを操作すること等で個体内の状態や周囲の状況の変化に対応・順応できる知識や技能が学習課題になることが見出せる（自立活動の「健康の保持」「身体の動き」に関する内容が課題となる）。これは個体内の状態や周囲の状況の変化に対応・順応するためのAの調整力の向上である。また，本例のよう

に他人に伝え，個体内の状態や周囲の状況の変化に対応・順応できるよう，それぞれを変化させることもAの調整力であることはいうまでもない。

さらに，この「障害状況」は，法に規定する「障害（心身機能の損傷）」がある者だけに生じるものではなく，「障害」がない者にも同じように生起するとしている点で，教育実践家にとって有意義なものとなる。なぜならば，特別支援学校・特別支援学級あるいは幼稚園・小学校・中学校・高等学校等に所属する教師は，法に規定する「障害」があろうがなかろうが，等しく目の前の者の学習上または生活上の困難を，教育による対処によって，軽減・改善をしていくことに，日々努めている者であるからである。

## 2 教育実践家としての実践的見識

### （1） 子どもから学ぶ

近年，授業改善の方法に，業務プロセスの管理手法の一つ方法である「PDCAサイクル（Plan-Do-Check-Act cycle）」を用いることが提唱されている。これはPlan（計画：目標を設定してそれを達成するための行動計画を作成する）→Do（実行：策定した計画に沿って行動する）→Check（評価：行動した結果と当初の目標を比較し，問題点の洗い出しや成功・失敗の要因を分析する）→Act（改善：分析結果を受けてプロセスや計画の改善，実施体制の見直しなどを行う）→再Plan（計画）……というように，このサイクルを繰り返し行うことで，螺旋状に次第にプロセスが改善されることが期待されるというものである。

この手法は「PDCAサイクル」という用語で提唱される以前から，初等中等教育においては「授業研究」として広く実施されてきているものである。ここにおける計画は，1979年度の養護学校教育の義務制実施直前まで，長年の教育経験の蓄積から同年齢の幼児児童生徒（以下「児童等」と記す）が獲得できる（または獲得すべき）平均的な知識や技能等を盛り込んだ教育要領や学習指導要領（以下「学習指導要領等」と記す）に基づいた内容（または準ずる内容）であり，評価もその内容に沿って行われてきた。

その平均的な内容の獲得が困難と想定される者については，就学の猶予・免除と称して学校教育を受ける機会が与えられなかった。その数は義務教育対象者の「約0.1％」であり，多くは重度の重複障害児であった。これはまさしく規格外の製品

を少なくすることを目指す，規格品製造における品質管理の手法と同じである。このように「PDCAサイクル」の手法を取り入れたとしても，どのようなことを目標に，どのように接近していくかという考え方次第で，負の効果を生じるリスクがある。

　1872（明治5）年の学制発布以来の国民皆学という理想に向けての最後の挑戦には，既存の内容を「児童等」における教育の出発点とするのではなく，一人一人の「児童等」に必要な内容を教育の出発点とする必要があった。しかし，これらの「児童等」に対する教育経験の蓄積がほとんどない当時，「児童等」に必要な教育内容等は何かが確定できず，教師たちは非常に困惑した。

　この時期，重度重複障害児における教育内容・方法を国立特殊教育総合研究所（現在の「国立特別支援教育総合研究所」，以下「研究所」と記す）との相互協力の下に開発するため，1973（昭和48）年に「研究所」に隣接して開設された国立久里浜養護学校（かつて筆者が勤務していた，現在の「筑波大学附属久里浜特別支援学校」）の教師においても同様であった。

　「研究所」の研究員や同「研究所」の運営委員であった前出の梅津八三（以下「梅津」と記す）を囲んでの研修会などをとおして，目の前の子どもたちが，身体内の状態や周囲の状況の変化にどのように対応し，あるいは順応して秩序の立て直しをしているか，あるいはどのような変化に対して障害状況に陥っているかをつぶさに観察し，そこから指導の手がかりを得ることに努めた。そこで得た手がかりをもとに教育実践を行い，その成果を個々の子どもの変容から見出し，教育実践の蓄積を行ってきた。

　以下，この章においては「梅津」の教えに倣い，筆者の考えを述べる。

　このように教える立場であった教師が，教えられる立場であった子どもから教えてもらう立場になった時，教師の困惑が軽減していった。既存の教育方法では，目標に接近できないと考えられたとき，謙虚に「子どもから学ぶ」という教育の主客逆転の発想で臨むことが必要である。

## （2）適時，適切，適度な方法

　先に述べたように，仮に主客逆転の発想で臨んだとしても，即効果的な方法を見出せるとは限らない。有効だと思って用いた方法が，相手に拒否されたり，なんの反応も認められなかったりすることがしばしばある。次第に「心身の機能損傷の程度が重度であるからしかたがないか」とあきらめにも似た思いが募り始めることが

第4章　重複障害児を教育する教師の専門性

ある。このとき一度立ち止まって，真に相手の"教え子"になっていたか振り返ってみる必要がある。自分はそれまで相対してきた者の教育成果にしばられてはいなかったか，関心のある特定の手法にこだわってはいなかったか，などである。

　同年齢でもあり心身の機能損傷が同程度のAが，ある方法で給食時間に用意されたものをすべて食べたからといって，この時間に空腹でないBに同じ方法で全量摂取を強いていることはなかっただろうか。また，Aがこの方法で食べなかったからといって，Bも食べないと勝手に決めつけて，Bの新しい秩序構成の芽を摘み取ってしまっていることはなかっただろうか。教具としての食事用具の工夫は万全であったのだろうか。Aが好きでもBが嫌いなものから食べさせようとしてはいなかっただろうか。等々用いた方法が，その時々のBの身体内の状態や周囲の状況の変化に対して，最も適時，適切，適度なものであったかをつぶさに検討し，あらためてBに問い直す作業をしてみることも必要なことである。

### （3）評価基準

　教育実践の内容・方法が，仮に適時，適切，適度なものであったとしても，その効果の現れを他者と比較して，遅々としていると感じたり，費やした労力から考えると，取るに足らないものだと感じたり，あるいはこれらのことを他者から指摘されたりして，教育実践の継続に"とまどい"，"つまずき"，"とどこおり"を生じてしまうことがある。

　心身に機能損傷がある者は，その機能損傷により，感覚機能や運動機能に制約を受けているだけに，その者とかかわり合う教師は，心身に機能損傷がない者とかかわり合う教師より，このような状況を招きやすい。ましてや教育対象者の心身の機能損傷が重度であればあるほど，重複していればいるほど，このような状況により多く直面する。

　しかし，教師がこの"とまどい"，"つまずき"，"とどこおり"の状態から立ち直るためには，学習による進歩や習得の速度とは，何を基準にして判断すべきかを考えてみる必要がある。人における進歩とは限りのないものである。あるところまで到達すればそれでよいというものではない。身体内の状態や周囲の状況の変化に対応・順応する手段が，現在より高次化，多様化していれば，それがその人にとっての進歩だと考えるべきである。

　その人の進歩を高い位置から見下すのではなく，出発点から見上げて，それがたとえわずかなものであっても，その進歩の実現を励みに，教育実践を継続すること

が大切である。

　また，身体内の状態や周囲の状況の変化が常に一定ではないがために，時には退行したと感じることがある。しばらくは先を急がずに認められた進歩を確実にする努力が重要である。それはその後の進歩の堅固な土台となるからである。

### （4）　教育実践の目指すところ

　教育対象者の進歩を見定める教育実践の出発は，教育対象者が身体内の状態や周囲の状況の変化に対して"とまどい"，"つまずき"，"とどこおり"を生じている「障害状況」への対処から始まる。教師が教育対象者のその「障害状況」にどのように対処していけばよいかわからない時，教師はその状況の対処に"とまどい"，"つまずき"，"とどこおり"を生じる。すなわち教師も教育対象者と同様に「障害状況」にあるといえる。先に述べたように教育経験の蓄積が極めて少ない心身の機能損傷が重度でかつ重複している者に対する教育実践においては，このような状況がより顕著に現れる。つまり教育実践の出発点においては，教育対象者だけが「障害状況」にあるものではなく，教師と教育対象者の相互が「障害状況」にあること（「梅津」は，これを「相互障害状況」と称している）を認識する必要がある。

　そして，教育対象者が「障害状況」から立ち直る新しい手立てを教師が発見し，その手立てに基づいて実践し，成果をあげることができれば，教師もまた自身の「障害状況」から立ち直ることができる。つまり，この関係は，教師が教育対象者の「障害状況」から立ち直ることを輔け(たす)[1]，その教育対象者の立ち直りが，教師の「障害状況」からの立ち直りを導くというように，相互がそれぞれの生命活動の調整を高めることを輔け合う関係（「梅津」は，これを「相互輔生(ほせい)」と称している）にあるといえる。

　教育実践の目指すところは，教育対象者が「障害状況」から立ち直ることだけにあると考えがちであるが，出発点が「相互障害状況」にあると認識するならば，目指すところはこの「相互輔生」にあると理解することが必要である。

　このような観点に立てば，教師自らの進歩につながる教育実践の継続を簡単に諦めたり，相手の進歩が些細なものであると見下したりすることは生じてこないはずである。

注
1）「梅津」が「助け」ではなく「輔け」と表記したのは，「輔」の「くるまへん」に次のよう

## 第4章　重複障害児を教育する教師の専門性

な思いを込めたものである。車の両輪は，一方だけ動いても前進しない。その場をぐるぐる廻るだけである。同じ速度で回転することで効率よく前進する。したがって，互いに「たすけあう」関係を表すために，あえて「輔」を用いている。

**参考文献**
池水浩三郎（1998）いのちの響き合い―生命活動の躍進を求めて―　高城書房.
久里浜の教育同人会（1982）重度・重複障害児の教育　藤原正人（編）久里浜養護学校の教育実践報告　光生館.
文部科学省（2010）特別支援学校学習指導要領解説　自立活動編.
内閣府障がい者制度改革推進会議（2010）「障害」の表記に関する検討結果　「障害」の表記に関する作業チーム.
梅津八三（1997）重複障害児との相互輔生―行動体制と信号系活動―　東京大学出版会.

（吉川明守）

# 第 5 章

# 重複障害児教育の現状と課題

## 1　ある重複障害児教育活動との出会い

　クニオ君は今，19歳。家族は父と母と4歳年上の兄の4人である。クニオ君は青春ど真ん中であり，学業であれスポーツであれ，本来ならば主体的に動きまわれる最も楽しい年齢であろう。だが，残念ながら今の彼はベッドに寝たままである。自分で思い通りに動かせるのは眼球だけである。もう少し正確に表現するのならば，眼球をそのままにしているか，眼球を右側から上方に進ませて，それを左側まで動かすことだけはできるということが，彼の青春のすべてである。

　クニオ君が生まれた時，真っ先に異変に気づいたのは母親であった。兄の誕生時とは違って，泣き声もなく抱っこをしていても，何か"ぐんにゃり"とした感覚しか残らなかった。しかし，そのうち成長に伴ってしっかりとした身体になっていくであろうと楽観していた。だが，運命は非情であった。クニオ君の身体は少しずつ大きくなってきたが，声を発するわけでもなく，起きあがれるわけでもなく，クニオ君が生きているということを母親が実感をもって確かめられる機会は，そうそう訪れなかった。母親は我が子とのコミュニケーションが不十分なことが，なによりも残念であった。

　この間，多くの医療関係者とは濃厚な交流があった。クニオ君はずっと病院の中で生きてきたが，小児科，整形外科，神経内科といったさまざまな専門分野のスタッフと出会った数は，同世代の子どもよりも多かった。母親は，医療スタッフがクニオ君に丁寧に向き合っていることを嬉しく思っていた。しかし，クニオ君の様子は一向に改善しない。それどころかある時からクニオ君には，人工呼吸器が据え付けられた。たんも自分では吐き出せず，常に医療スタッフに吸引してもらうようになってしまった。母も父も医師に説明を求めると，クニオ君は筋の萎縮がどんどん進行する病気であり，とにかく生命の維持を優先させなければならないといわれたのであった。

　その説明が理解できてから，どれくらいの時間が経過したであろうか。今もクニオ君は不便な生活のままであるが，母親をはじめとして家族は，現実を前向きに考えている。この理由として母親は『学校の先生がクニオと私に"気づき"を与えて，私たちを育ててくれたのです。生きる希望を与えてくれたからです』という。そう，生涯のなかでは限られた時間であったとしても学校と教師という存在，教育という

営みは，クニオ君の発達を促し，教師はクニオ君の生命体としての可能性を見出す伴走者となり得たのであった。

　障害が重い子どもたち，障害が重複する子どもたちへの教育がどのように確立されてきたのか振り返ってみよう。

## 2　重複障害児教育の歴史的な展開

### (1)　医療・福祉の立場から見る重症心身障害

　重症心身障害児と重度・重複障害児は，同じような状態の子どもを表すと考えられるが，医療や福祉の現場で対象とする場合，重症心身障害児といわれることが主であったようである。歴史的にも実際に関わる実践上でも，順番としては先になるから，まずは重症心身障害児という用語をキーワードにして考察してみる。

　知的障害と身体の重度な運動障害が合併した子どもの存在が知られるようになったのは，1950年代の後半になってからということになる。おそらく1950年代の前半にも重い障害を抱えた子どもや障害が合併した子どもは数多く存在したと思われるが，十分な対処はできなかったのであろうと推察される。それが第二次世界大戦の終結から10年を経ていくぶんか混乱が収まり，困難を抱えた子どもの存在にも，ようやく注目が集まったのではないかと考えられる。こんにちでいう不登校が顕在化したのも，まさに同時期である。

　用語としての重症心身障害は，1959（昭和34）年に東京都に重症心身障害児対策委員会が設けられた際に，初めて用いられた。ただ，この時点では，障害が重いということ，あるいは，障害が複数あるということから，こうした子どもたちは教育の対象ではないと見なされ，また，医療や福祉も具体的な支援策が提供できたわけではなく，結局のところは家で家族が介護を一身に背負っていたのが実情であった。

　こうしたなかで，日本赤十字社産院小児科（現・日本赤十字社医療センター）で重い障害をもつ子どもの治療にあたっていた小児科医の小林提樹は，障害児を診療していた先輩の後を継いだこと，治療の見込みのない障害児は保険診療の対象外とされたこと，そして診療していた重い障害を合併してもつ子どもの親たちと思いがひとつになったこともあり，1961（昭和36）年5月1日東京・多摩に重症心身障害児施設「島田療育園」（現・島田療育センター）を開園した。

　注目すべきは，当時この施設の性格をどう考えるかについて厚生省が議論してい

第5章　重複障害児教育の現状と課題

たが，病院の形態（医療）で運営しつつも，施設（福祉）の役割も担うこととされ，法律的根拠がないにもかかわらず，当初から医療と福祉の二重の性格を持つことが期待されたということである。また，開園に際して，1961年度の重症心身障害児療育研究委託費という名称の国家予算も獲得しており，こんにちに至る医療福祉モデルの原形となっていたことも見逃せない事項である。

なお，島田療育園ができる前のことになるが，小林が作成していた日赤乳児院の子どもの状況をまとめた一覧によると，現代社会でとらえる重症心身障害だけではなく，日本脳炎後遺症や栄養失調症といった病名も見られ，またてんかんも多い。これらは栄養状態の改善や医療技術の進歩により防げるようになったものや，回復が図られるようになったものもある。当時の重症心身障害がいかに多様で，過酷なものであったかを推測することができる。

島田療育園に続き，1963（昭和38）年にはびわこ学園が開設された。びわこ学園には前史がある。戦災で家族を亡くした子や，外地から引き揚げてきた子が浮浪児となって街を徘徊している姿に心を痛めた糸賀一雄，池田太郎，田村一二が，彼らのための学びと暮らしの場として1946（昭和21）年に滋賀県の琵琶湖湖畔に近江学園を創設する。やがて近江学園に集う子どもたちには知的障害をもつ者が増え，児童養護から知的障害の施設へとその性格を変え，さらに歳月が経つにつれて，年長の重度障害をもつ者への対応から，びわこ学園が生まれるに至った。近江学園からびわこ学園に至る経緯には，この国の福祉の課題が網羅され，また障害の科学的な理解の原点として発達の保障を唱えた田中昌人のような実践的研究者の姿からは，現在でも大きな示唆を得ることができる。

1964（昭和39）年には東京・東村山に秋津療育園が認可をうる。秋津療育園は，障害者の受け入れられる社会にしたいという草野熊吉が設立した。この当時，肢体不自由や知的障害は訓練によって社会参加が可能という社会の理解ができ始めた。しかし，知的障害と身体障害を併せ持つと社会からは相手にされず，そんな重複障害の救済への思いを実らせたものであった。当初は障害児のための昼夜保育所の名目を掲げたがそれでは認可が得られず，1959年7月22日に病院に改装して，ようやく秋津療育園の開所となった。ただ，当初は定員規模が小さく，開設から5年を経た1964年になって定員を増やし，重症心身障害児施設としての認可を得ることとなったのであった。

さて，こうした施設の開設という現場からの流れと並行して，当時の厚生省は2度の次官通達によって，重症心身障害の定義を示している。1963（昭和38）年には

『身体的・精神的障害が重複し，かつ，重症である児童』とされ，1966（昭和41）年には『身体的・精神的障害が重複し，かつ，それぞれの障害が重度である児童および満18歳以上の者』となり，後者の通達により成人まで範囲が広げられることとなった。

これらの通達に少し遅れて，現実に当時の養護学校への入学者の障害が重度化，重複化する傾向が著しくなってきたのが1960年代半ばである。1966（昭和41）年には文部省（当時）研究班「重症心身障害児の系統的研究」が結成され，定義づけを試みた。これは，それまでの厚生省の通達の実際的な明確化を図ったものと考えられた。以前の通達の表現に加えて，身体障害は高度でほとんど有用な動作がなしえないということ，そのために家庭内療育は困難であること，知的障害児施設においても集団生活指導は不可能であるといったことが明示されている。

こうして明確化が進められてきた重症心身障害児への対応は，医療と福祉の現場の課題から，そのまま重度・重複障害児への対応として教育現場の課題になったのであった。

なお1967（昭和42）年に児童福祉法が一部改正され，重症心身障害児施設に関する規定が付加された。重症心身障害児施設は医療法に定める病院だけではなく，児童福祉施設も法的に認められることとなり，また，満18歳以上の者でもこの状態にあれば児童と同様な福祉的サービスが受けられることとなった。よって，児童福祉施設とはいえ，大人になった重症心身障害の人々も利用できるわけであるし，厚生労働省管轄の資格である保育士も，発達援助の専門家として重症心身障害をもつ人々と関わっていかなければならないのである。

### （2） 教育の立場から見る重度・重複障害

ここからは教育の立場で考えていこう。前項で重症心身障害と重度・重複障害は同じ状態を表すとしたが，教育の立場におけるより適切な表現は，児童生徒の障害の重度・重複というとらえ方になっていることを確認しておきたい。

まず障害の重複という側面にのみ限定すると，歴史は少し遡ることになる。1949（昭和24）年頃から試みられた山梨県立盲学校における盲聾二重障害児に対する先駆的な教育実践を挙げることができる。現代の用語でいえば，視覚障害児教育と聴覚障害児教育の合一ということになる。この教育実践は，障害に関する実態調査を経て家庭訪問指導が行われ，盲学校に入学後に本格的な教育が試みられたという。この教育実践においては梅津八三による実験心理学の知見を応用した，行動体制や信

## 第5章　重複障害児教育の現状と課題

号系という着想が活かされ，盲聾児の教育指導法の体系化に大きな成果を挙げることができた。ここで気づかされるのは重度・重複障害の教育において，知的障害がない感覚器の二重障害に対する教育指導の実践は，かなり早くから試みられていたことということである。

教育の対象としての重度・重複障害児についてみていくと，1971（昭和46）年の中央教育審議会答申のなかに，重度な重複障害児という表記が現れている。さらに1975（昭和50）年に当時の文部省の特殊教育の改善に関する調査研究会から「重度・重複障害児に対する学校教育の在り方について（報告）」が提出され，重度・重複障害児という表現が正式に用いられ概念の規定も行われた。

ここで重度・重複障害児の概念を，用語の一部を少しわかりやすい言葉に置き換えて示してみたい。

① 学校教育法施行令第22条の3に規定された障害を2以上併せ有する者（視覚障害・聴覚障害・知的障害・肢体不自由・病弱のうち2以上併せ有する者）。
② 精神発達の遅れが著しく，ほとんど言語をもたず，自他の意志の交換及び環境への適応が著しく困難であって，日常生活において常時介護を必要とする程度の者。
③ 破壊的行動，多動傾向，異常な習慣，自傷行為，自閉性，その他の問題行動が著しく，常時介護を必要とする程度の者。
④ さらに，上記の範疇に入らないが，実際には発達の状況が相当に遅れていてかつ行動面でもかなりの問題行動があると思われる者。

結局のところ，教育の立場でいう重度・重複障害とは，たんに障害の重度化や重複化という視点でのみ見るのではなく，子どもたちの姿が教育指導において困難であり，状態像の理解の複雑さや複合的な生活上の課題を抱えているものを指しているというべきであろう。

こうした整理を経て，1979（昭和54）年には，それまでは就学義務が免除もしくは猶予されていた重度・重複障害児に対しても，学校教育を保障することとなり，養護学校教育の義務制が実施されることとなった。

## 3 重複障害児教育の取り組みの視点

### （1） 養護学校教育の義務制施行から見えてきた課題

　視覚や聴覚といった感覚器の障害に対応する，現在の特別支援学校の整備は第二次世界大戦の終結後，比較的早く取り組まれていたのに比べると，いわゆる養護学校の義務制をはじめとして重い障害，知的障害も絡む複数の障害がある子どもたちへの教育施設の整備は放っておかれたままであった。重度・重複障害児は，教育の対象として検討されないままで時間が経過したといえよう。

　ただこの傍らで，前の項で見てきたように，表現は違うが重症心身障害児と呼ばれる状態の子どもの生命や生活の質を，より豊かにするためのアプローチは着々と積み重ねられてきた。こうした実践が地下水脈となって，どんなに重い障害をもつ子どもにも障害を複数もつ子どもにも，学校教育の可能性はあるという思いのバトンはリレーされてきたということになる。

　1979年，養護学校教育の義務制が施行され重度・重複障害児が学校教育の対象になった。まず数値的な目安とされたものは，重度・重複障害が理由となって就学の免除や猶予とされてきた学齢児童・生徒数の減少を図ることであった。数値のみの推移を見た場合は，1955（昭和30）年には3万2,000人を越えていた不就学者が養護学校教育の義務制実施により1980（昭和55）年には約2,500人まで減少し，学校教育の守備範囲は明確に広がったことがうかがえる。

　しかし当然ながら，喜ぶべきことばかりではない。この時点で残された約2,500人こそが，さらに深刻な重度・重複の障害を有する子どもたちであった。なかには学校教育を拒んだ子どもや家族もいたことであろうし，学校教育に大いに期待しながらも，結局は入学を断念した子どもたちもいたであろうということを認識しておきたい。

　一方で養護学校の教職員も，重度・重複障害児が在学することによって，こうした子どもたち一人ひとりに必要とされている適切な教育指導を，個別に準備しなければならないという当たり前の課題を，より深く考えることになった。こうした必要な試行錯誤を経て，子どもたちの発達の保障がゆっくりゆっくりと進むことになった。

　しかし一方で，子どもによっては常時医療的なケアが必要とされる場合や，日常

第5章　重複障害児教育の現状と課題

生活の全般にわたって介護が必要なこともあり，いわゆる学校教育で連想される集団への画一的な教育の方法ではまったく対処ができなかった。常に子どもに応じたオーダーメイドの教育指導を模索することが求められた。また障害が重度な場合は，医療や福祉との緊密な連携も，日常的に求められるようになった。つまり学校教育の義務制によって，重度・重複障害をもつ子どもたちの社会参加が促進されれば促進されるほど，学校生活を具体的に支えるための学校教育以外の医療・福祉領域との密接な連携のあり方が議論されることとなったのであった。

### （2）　教育指導の基本原則

　1979年の養護学校教育の義務制施行以降，すでに30年以上の歳月がたった。この間，重度・重複障害児に対する教育実践の理念は，次の3つを柱にしてきたように思われる。すなわち

　　① 従来の学校教育の枠から脱皮し，新しい学校教育のあり方に挑戦すること
　　② 子どもの発達の可能性を追求すること
　　③ 発達の順序性に沿った指導を行い子どもの変容をとらえられるようにすること

である。

　①に関しては，当時の特殊教育諸学校も，やはり学校という場の常識が教職員のあいだに存在しており，教育活動は教師が主導して行うものであり，子どもたちは個が大切にはされるが集団として扱われ，教育活動は教室で行われるものというイメージがあったと思われる。

　これに対して，重度・重複障害児は子どもの状態によっては，障害の重さゆえに生命の危機と向き合いながら教育を受ける場合もあるわけであり，そういう状態にあるということは，集団活動は決してあたりまえではなく，常に個別の対応による教育が求められるようになったわけである。それまでの教育よりも，まずは個別に子どもの心身の状態を的確に判断し，子どもの状態からすべての教育活動の目標と方法が設定されていくという新たな教育実践の論理が生まれたことになった。

　②は①を踏まえて，どんなに重い障害であろうとも，教育活動によって子どもは発達的な変容をするということを，教師は常に強く信じることが必要になった。この②を正しく理解するためには，③にあるように，発達の理論に関する一般的な知識の理解と，まさに目の前にいる子どもに応じた発達現象に関する正しい理解が求められるのである。つまり，発達的な変容についての観察眼，洞察力も求められる

ようになった。

　これらは，通常の教育においても同じ理念と方法をもつべきであるが，重度・重複障害児の教育においては，子どもには個別の関わりの度合いが大きいということと，同時に関係する専門職は専門性が多様なこと，関わるスタッフの数も多いこと，教育の立場を明確にしなければならないことから，通常の教育よりもより一層の努力が求められていると考えてよいであろう。

　これらの柱を中心にして学校教育の場では実践が積み重ねられた。教育指導の実践を通して理解されてきた重度・重複障害児の状態像を，文部省が1983年に発行した「重複障害児指導事例集」を参考に示してみよう。

　発達的な側面としては
　　① 原始反射の残存
　　② てんかん発作や呼吸調節不全等によりチアノーゼが頻回に見られたり，脈拍の結滞が見られる
　　③ 体温調節不全による四肢の冷感や体温の急激な上昇が見られる
　　④ 摂食機能の未熟さから虚弱であり発達の初期的水準にある
といった点が挙げられ，行動的な側面としては
　　① 日常生活行動の自立が困難で，ほぼ全面的な状態で介助を必要とする者が多い
　　② 音声言語をもたないか，あっても反響言語的な場合が多く，コミュニケーションの手段がきわめて低い水準にある
　　③ 多動で目的的行動に乏しい場合が多く，反面寡動であったりする
　　④ 常同行動や自傷行動といった問題行動が多く見られる
　　⑤ 周囲からの刺激や働きかけに対する反応に乏しく，注視や追視する行動が少ない
　　⑥ 特定の物に対する極端なこだわりを示す
といった点が挙げられ，常に介護と管理が必要であるとされている。

　これらの厳しい教育現場の現実から，重度・重複障害児の教育活動の柱は，よりしっかりとした根幹をもつようになる。以下の①から⑤が，実践を踏まえた重度・重複障害児の教育実践に取り組むうえでの重要な視点である。

① 健康の維持・増進への配慮
　重度・重複障害児は，障害そのものが原因となっている生命体の弱さがあり，さ

らに栄養の吸収が困難であり自発的な運動も困難なので，必然的に病弱な場合も多い。また人工呼吸であれ，栄養摂取であれ，たんの吸引であれ，生命維持のために日常的に医学的なケアが必要な場合も多い。子ども本人が常に健康面への配慮が求められるということは当然であり，さらに子どもだけではなく，関わる教職員にとっても健康管理は必須であるということである。

② 自発的な動きへの着目

　子ども本人の言語や行動が乏しいということと，家族や介護する人々といった周囲の者も慣れきってしまっているせいか，子どもの小さな変化に気づいていない場合もありうる。ほんのささやかな事象でも，行動の変化には敏感であるように努めたいものである。もしかしたら，子ども本人がなんらかの自発行動をしている場合もあるし，周囲の者へのレスポンスをしている場合もあるからである。

③ 対人コミュニケーション行動の促進

　障害があろうとなかろうと，人間が生きていくということは，他の人間との関わり合いを繰り返していくことである。重度・重複障害児は，ともすると医療や福祉の場にあって，「誰かにしてもらうこと」には慣れていたかもしれない。しかし，教育の場では，まずあなた以外にも世の中には人間がいるという対人認知を育み，その相手とコミュニケーションを図っていけるような行動を育てていかなければならないと考えるのである。

④ 探索活動の促進

　生命体のなかで特に人間の行動には，好奇心に誘発されて何かを探ろうとする行動があることが特徴的であるかもしれない。人間が生きていくうえでは対人コミュニケーションと同時に，何かに興味を示し，それに向かっていく，あるいは，それを回避するという行動が形成されていることが，人間の人間らしさを彩っているのではないかと考える。重度・重複障害児は，どうしても周囲の者の保護的な関わりが過剰になり，本人の自発性や積極性は，前面には見えてこない場合が多い。教育とは，本来的に人間の生活を豊かにするためのものであるし，それは結局，何かを求めようと行動を開始することである。その貴重な第一歩として，子どもが自ら探索を開始する機会を用意することが教育ではないかと考える。

⑤ 子どもの持ち味を生かす

　どんなに障害が重くても，障害が複数存在したとしても，障害のある子どもという前提でのみ見ていたのでは，それは子どもの本質をとらえたとはいえない。子ども本人の個性，持ち味を見つけて，実感しなければならない。この子どもを実感するという営みが，重度・重複障害というものに惑わされて，周囲の者が鈍くなっている可能性がある。教育の基本は，子どもの個性の発見であり，持ち味を生かせるような舞台設定であるということに，もう一度立ち返っておこう。

　さて，重度・重複障害の概念は，さまざまな異なる側面をもっている。ひとつめは「動く重症児」といわれるものである。つまり知的障害や精神的な障害をもっていて，なおかつ強度の行動障害をもつ障害児のことを指すということである。行動障害はアメリカ精神医学会の精神疾患の診断・統計マニュアル（いわゆる DSM）を参照すると，行為障害と分類される。これは反抗的行動や挑戦的（攻撃的）行動，繰り返される重大な規則違反を起こしてしまうことであり，たとえそれが障害に由来するものであったとしても，反社会的行動（暴行，器物破損，放火，家屋侵入など）は決して許されるものではないし，あまりにも周囲を振り回す多動・常同行動も，そのまま放置しておいてよいというものではない。さらには薬物の効果が見られない難治性のてんかん発作も，本人にとっても周囲の者にとっても，辛いものといえよう。現在は，濃厚な人間関係を基本にした場当たりの対応が，対処方法のすべてかもしれないが，ゆくゆくは改善のための具体的な手立てが見出されることを期待したい。

　もうひとつは，いわゆる周産期医療や小児科医療の技術的な進歩により，かつてならば生命の維持が困難な子どもが生き延び，かつ生存期間も長くなってきている。それ自体は喜ばしいことではあるが，就学年齢に達した超重度障害児に対する教育の方法論が，まだ整っていないという皮肉な現実が厳然としてある。

　これらについては，かつて重度・重複障害児を養護学校が初めて迎え入れた頃を思い出し，また常に教育の原点に立ち返りながら，できることを丁寧に見出していきたいものである。

第5章　重複障害児教育の現状と課題

# 4　重複障害児教育の現状を見渡す

## （1）学　　校

　重度・重複障害児にとって，適切な教育を受けられる学校とはどういった学校なのであろうか。障害を有するわけであるから，それまでの呼称でいえば特殊教育諸学校のいずれか，ということになるのであるが，ひとりの子どもに複数の障害が存在すること，そのために学習が著しく困難であること，そしてそれまで重症心身障害を受け入れてきた場が病院の機能をもつ国立療養所や児童福祉施設であったという経緯で，肢体不自由養護学校や病弱養護学校が教育を受け持ってきたようである。

　特別支援教育が実施される前の2004（平成16）年度には，肢体不自由養護学校に在籍する重複障害学級在籍者は約75％，病弱養護学校に在籍する重複障害学級在籍者は約39％であった。

　2007（平成19）年度からわが国は，特別支援教育という理念のもとで子どもたちは学校教育を受けている。ここでは特別支援教育の詳細については触れないが，特別支援教育の時代への移行期は，知的な障害を伴わない，いわゆる軽度発達障害というものへの注目が集まってしまった印象があったが，文部科学省が2003（平成15）年に示した，特別支援教育への羅針盤となった「今後の特別支援教育の在り方について（最終報告）」によれば，特別支援教育の対象となる児童生徒全般が増加していることと，障害種の多様化による質的な複雑化も指摘されており，いわゆる軽度発達障害の対応についてのみ話題になっていたわけではないことにも注意をしておきたい。障害の重度・重複化が，特別支援教育の重要な課題のひとつであることを再認識したい。

　さて，現在の特別支援教育において，特別支援学校はすべての学校において，複数の障害を教育の対象にすることができるとされたが，2007年度の状況を見ると，これに関してはいまだ模索中のようであり，障害種別でみればやはり肢体不自由校の在籍率が70％を越えており，依然として高いようである。しかし特別支援学校全体を見渡してみても，障害種別で重複障害学級の児童生徒の在籍率は，義務教育段階では約43％，高等部では約22％であり，決して少なくないということが示されている。

　つまり特別支援教育の時代の今，いわゆる軽度発達障害や多くの他の障害と同様，

重度・重複障害は今後ますます教育指導の開発や特別支援学校のあり方について，実践と研究の議論が深められなければならないと考えられるのである。

## （2） 教育課程

　普通の小学校・中学校・高等学校の教育課程は各教科，道徳，特別活動，総合的な学習の時間という4つの領域から構成されている。特別支援学校の教育課程では，これらに加えて自立活動という第5の領域がある。

　学校教育法第72条において，特別支援学校の目的は「視覚障害者，聴覚障害者，知的障害者，肢体不自由者又は病弱者（身体虚弱者を含む。以下同じ。）に対して，幼稚園，小学校，中学校又は高等学校に準ずる教育を施すとともに，障害による学習上又は生活上の困難を克服し自立を図るために必要な知識技能を授けること」であるとされており，特に後半部の「障害による学習上又は生活上の困難を克服し自立を図るために必要な知識技能を授ける」部分に対応しているのが自立活動ということになる。

　この自立活動は，かつては機能訓練や養護・訓練と呼ばれたものに相当するが，心身にさまざまな障害を抱えた子どもたちにとって，その障害の克服のためにリハビリテーションの分野からの大きな貢献があった領域である。こんにち的には，教師やさまざまな分野のセラピスト（療法士等）から提供される訓練を，子どもたちが受動的に施されるというものではなく，子どもとはいえあくまでも障害をもつ個人が，自立を目指して主体的に挑む活動であるということが名称と内容のなかに明確に示されている。

　自立活動の目標は，「特別支援学校学習指導要領」（小学部・中学部）によれば「個々の児童又は生徒が自立を目指し，障害による学習上又は生活上の困難を主体的に改善・克服するために必要な知識，技能，態度及び習慣を養い，もって心身の調和的発達の基盤を培う。」である。その内容は「健康の保持」「心理的な安定」「人間関係の形成」「環境の把握」「身体の動き」「コミュニケーション」の6つに区分され，さらに26の下位項目が示されている。

　これらの効果をあげるためには「専門的な知識や技能を有する教師を中心として，全教師の協力の下に効果的に行われるように」することと，「必要に応じて，専門の医師及びその他の専門家の指導・助言を求める」とされ，教師のマネジメント力が試されることにもなる。

　今後も障害の重度化・重複化は進む一方であると思われるので，特別支援教育に

第5章　重複障害児教育の現状と課題

おいては必要に応じて医師，看護師・保健師，理学療法士，作業療法士，言語聴覚士，公認心理師といったリハビリ技術の専門職とのスムーズなコラボレーションを十分に図れるような工夫が求められるであろう。

　さて，児童生徒の障害の状態および発達段階や特性等に応じた教育を行うために「学校教育法施行規則」と，「特別支援学校教育要領」（幼稚部），「特別支援学校学習指導要領」（小学部・中学部・高等部）には，教育課程の編成に関わるさまざまな特例が定められている。


(1) 合 科 授 業

　各教科の全部または一部を合わせて授業することができる。

(2) 重複障害児に関する取扱い

　統合授業として，各教科，道徳，外国語活動，特別活動，自立活動の全部または一部を合わせて授業することができる。訪問教育を行うこともできる。知的障害を有する場合で，知的障害ではない障害への教育を主とする特別支援学校に在学しているのならば，知的障害教育の特別支援学校の教育目標・内容に替えることができる。学習が著しく困難な場合は，各教科といった領域に替えて，自立活動を主として指導することができる。

(3) 学習が困難な児童生徒に関する取扱い

　障害の状態に応じて，各科目の教育目標・内容の一部を欠くことができる。また，現在の在籍している学校（学部），学年の当該学年よりも下の年齢の学校（学部），学年の目標・内容に替えることができる。

(4) 訪 問 教 育

　障害のために通学して教育を受けることが困難な場合，教員の派遣が可能である。

(5) 高等部の修了認定

　校長は生徒の学習の成果に基づき，修了を認定することができる。


　これらの法律や学習指導要領の文言を丁寧に読むことで理解できるのは，重度・重複障害児の学校教育は，児童生徒の障害の重なり具合やその程度，発達の特性に応じて柔軟に対応することが可能ということである。つまり教師は，一人ひとりの教育的なニーズを正しく把握し，必要な教育指導を行うことができるということになる。

　もちろん，これは教師ひとりの判断でできるものではない。子どもの状態像の評

価が的確になされ，教職員のチームワークがしっかりとしたものでなくてはならない。それらを踏まえて，最も教育効果があると判断されれば，訪問教育で自立活動を主に行うといった教育活動も，特例を運用するということで可能なものとなる。

### （3） 指導の実際

　重度・重複障害とは，ひとつの障害の典型を示しているわけではない。障害の程度もその種類も，複雑に入り組んだ状態にあるということである。つまりひとりの人間のなかに，生きづらくさせる要因が重くのしかかっていて，それが複数ある場合もあるということである。これに子どもの場合は，発達というとても個別で，しかも障害の克服さえ期待させる大きな要因もその基盤でうごめくので，実際の指導においては，ひとつの方法が絶対であるということはありえない。そうした前提を強く押さえたうえで，指導の基本を考えてみよう。

① 子どもの評価

　まずは子どもが出発点である。基本的なことだが，障害はひとつで重いのか，そんなに重いものではないが複数存在するのかということについて，十分な情報収集を行うことが重要である。幸い学校教育は，その子どもとファースト・コンタクトする場ではないので，医療機関・発達相談機関などですでに整理されている本人の情報について，入手可能なものの引き継ぎを受けたい。
　医学的な検査所見，心理・発達検査のプロフィール，本人と家族の将来に対する思いなど，多くのものが得られるであろうが，教育の立場で整理し直すことが必要であろう。気をつけたいのは，得られた情報の本来の帰属は，あくまでも子ども本人（必要に応じて保護者）にあるのであって，教育の立場で必要な情報のみをお預かりしているという自覚をもつことと，守秘義務の順守に最大限の配慮をするということである。
　こうして得られた情報とはいえ，どうしても不足している事項があれば新規に入手しなければならない場合もありうる。そうした時は，ご本人が重い障害をもつ場合でも感情をもつ人として尊重し，いわゆるカウンセリングマインドをもって，新たな情報の提供を求めることになる。

② 教師の力

　さまざまな立場から得た情報と，その子に関わることになる教師の綿密な実態把

## 第5章　重複障害児教育の現状と課題

握から，目標が定められ教育活動が開始される。教師は一生にわたって関わるのではないから，無責任であるという人もいるが，それは誤りである。学齢期という発達の途上で，その子の生命が一番輝くための伴走者になるのであり，その子の将来に向けた可能性の種を蒔くという大切な仕事を遂行するのが，教師の役割の本質である。

　教師は，子どもの実態をしっかりと把握する観察力と冷静な判断力をもっていなければならない。そして，具体的に子どもに教育を行う実行力をもっていなければならない。さらに，子どもの将来を見通せる想像力ももっていなければならない。

　今，その子に必要なものが学力であれば，学力を付けさせるための教材・教具を開発することに力を注ぐことになる。探索的な行動を自発的に行える可能性があれば，それが促される環境の整備を計画したい。いやまず，あなたの傍には人がいるということを子どもに気付かせたい，ということが課題になるかもしれない。そうであれば，そばに人がいることを気づかせるための教育の方略を考えることが最初の仕事ということになろう。いやいや，まずは健康の保持・増進が，その子にとって最も優先すべき教育の課題になるかもしれない。その場合は，主治医や学校医，養護教諭との協議をまず設定することが仕事ということにもなろう。

　受け持つことになった子どもに対して，現状の的確な把握に基づいて，ある行動を達成させるために，いまするべきことは何なのであるのか，そのためにできることは何なのであるのかについて，思考をめぐらせよう。これが教師というプロフェッショナルの流儀ということになるのであろう。重度・重複障害児の場合は，より一層教師の個性と，こうした思考を進める構想力と実行力が試されることになる。

### ③ 個別の教育支援計画

　障害を有しながら生きるということは，本人にとっても周囲の者にとっても，常に一生涯にわたるサポートのあり方について気を配らなければならない，ということである。現在は障害者施策の一環として，障害を有する人のための「個別の支援計画」を作成することが求められているが，特に教育委員会や学校，教師が主体となって作成するものが「個別の教育支援計画」である。

　教師は自らの持てる力を，ただやみくもに発揮すればよい，というものではない。子どもの状態を的確に把握し，家庭やコミュニティの実情も視野に入れ，現在と将来の子どもの生活の質をより豊かにすることを目標として，医療，福祉，保健，労働といった関係する機関とどのような連携を図るべきなのか，長期的な視点で子ど

もへの教育的支援の見通しを示しておく必要がある。こうした情報を網羅したものが「個別の教育支援計画」である。つまり教師は障害を有する子どもに対して，教育の視点から生涯を見渡すコーディネーター，マネージャーの役割も期待されるということを心得ておきたい。

## 5　重複障害児教育の課題と展望

　特別支援教育の時代に入り，いわゆる「軽度」発達障害に目が奪われがちではあるが，一方で重症心身障害，または重度・重複障害に関しても，大きな関心が寄せられている。従来は見えないように，見せないようにと取り扱われてきた障害が，こんにち的なインクルージョンの流れのなかで光があたり，みんなで支え合い生きていこうという風向きになってきたように感じられる。
　ただ，すべてが平坦に進むわけではない。社会のなかでみんなと一緒に生きていくとすれば，うまく自制が利かず激しい行動をしてしまうような子は，大騒ぎしてしまう場合もあるだろう。そういう子が自制できるようになるために個に焦点をあてて，教育心理学の知見が応用できるのならば素晴らしいと思う。同時に，そんな子を受容できるような社会システムについても，社会学や福祉学はどんどん開拓していってほしいと願う。
　本章の冒頭で紹介したクニオ君のような障害，すなわち現時点では治癒が難しい疾患の病態が解明できて，治療可能となれば申し分ないといえよう。ただ，現行においても生命の維持において，以前から見ればさまざまな医学の進歩があることは認めるが，そのぶんだけ医療的なケアの守備範囲も広がり，教育者も医療に関する知識も併せ持たなくてはいけないようになった。医療的なケアに期待するということは，教育者は医療との連携について常に念頭に置かなくてはならないということである。
　さて，そのクニオ君。母親もいつもそばにはいたものの，彼の耳は聞こえず，わずかに動かせる眼球も，特に意味もなく動かしているものと思い込んでいた。ところがある日，訪問教育でやってきた教師が，あることに気づいた。そう，彼は不快な感情の時や気分は No. という時には，眼球はこわばるように固く動かず，快い感情の時にはゆっくりゆっくりと動かしているように思えたのであった。教師はこの"仮説"をクニオ君と母親の耳元で話し，その後クニオ君に『クニオ君，この仮説

## 第5章 重複障害児教育の現状と課題

がYes.ならば目をゆっくり動かして。No.ならば動かさないで』というと、クニオ君はゆっくりと目を動かしたのであった。

母親も『聞こえていたの？』と問うと、クニオ君は目を動かした。聴覚も知能も、実はしっかりとしたものであったのだ。これに気づいたのは教師の感性と鍛えられた観察力であった。母親は、ただただ涙を流すのみであった。嬉し涙である。クニオ君とのコミュニケーションの方法を、教師が発見してくれたからである。教師はもちろん、クニオ君にも母親にとっても、生きていく希望が見つかった瞬間である。

教師はさらに『今の状態に、満足？』と問うと、クニオ君は目を動かさない。『もう少し、勉強を頑張ろうか？』と尋ねたら、クニオ君はゆっくりと目を動かしたのであった。

**参考文献**

姉崎弘（2009）特別支援学校における重度・重複障害児の教育 第2版 大学教育出版.
浅倉次男編（2006）重症心身障害児のトータルケア―新しい発達支援の方向性を求めて― へるす出版.
石部元雄・上田征三・高橋実・柳本雄次編（2009）よくわかる障害児教育 第2版 ミネルヴァ書房.
川住隆一（1998）重度・重複障害 こころの科学, 81 特殊教育 日本評論社.
神田基史（2009）重度重複障害児（者）へのリハビリテーション―特別支援学校の教師の立場から―発達障害医学の進歩, 21 診断と治療社.
菅原伸康編著（2011）特別支援教育を学ぶ人へ―教育者の地平― ミネルヴァ書房.
菅原伸康（2012）エピソードでみる障碍の理解と支援 ミネルヴァ書房.
菅原伸康（2012）写真でみる障碍のある子どものための課題学習と教材教具 ミネルヴァ書房.
高谷清（2011）重い障害を生きるということ 岩波書店.
田中農夫男（編）（1981）心身障害児の教育 福村出版.
氏家靖浩（2010）「障害」とは何かを問い続けよう―支援者が心得ておきたいこと― 発達, 123 ミネルヴァ書房.

（氏家靖浩）

# 第 6 章

## 障害の重い子どもの指導の実際

この章では「(重度)・重複障害児」を「障害の重い子ども」と記すこととする。「(重度)・重複障害児」の表現は固く感じてしまうため「障害の重い子ども」と表現する。

　障害の「害」は，法律上「害」という漢字が使用されているため，それにならって「障害」と表記する。

　またこの章では，初めに実践事例を紹介し，以下で障害の重い子どものコミュニケーションを考えていきたい。

## 1　実践事例

### (1)　対象児（ひーちゃん）

・200X年7月生まれの女児。

・母親は妊娠中，問題なく経過した。出産時難産。生下時体重2153 g，身長44 cm。生後2か月時に，四肢の麻痺が目立つようになり，脳性麻痺の診断を受ける。この時より現在まで病院で機能回復訓練を受けている。3歳3か月時，私が行う大学の教育相談に来談した。

・主訴は「言葉がでてこない。小学校入学前までに，誰にでもわかる表現方法を身につけさせたい。どのように言葉を教えればよいのかわからない。」という内容で，コミュニケーションに関する相談であった。

・来談時，頸定は不十分で，全身の緊張が強く，特に上肢の緊張が強かった。寝返りは可能であった。座位への姿勢変換，保持は困難であった。右目が外斜視であったため見ている方向がはっきりしていなかったが，見えている様子ではあった。聴力には問題はないように思われた。ひーちゃんは，コミュニケーション手段として用いることのできる音声言語をほとんど獲得していなかった。ひーちゃんのコミュニケーション手段は，視線や表情，身体の動き，発声などであった。ひーちゃんとしては，これらのコミュニケーション手段を用いながら，意味のあることを表出している様子であったが，私にはそれが何を意味しているか読みとることが困難で，その場の全体状況や行動文脈から判断するほかなかった。このような状況から，ひーちゃんは話し言葉を通じて言語を身につけ，話し言葉でコミュニケーションするようにしていくことは，現在の段階では，かなり難しいことだと思われた。

## （2） タッパスイッチによる二者択一（ボイスレコーダー：4歳8か月～5歳0か月）

用いたスイッチはタッパスイッチ（写真6-1と6-2）である。

それぞれにボイスレコーダー（写真6-3）をつなげ，ゲームボタンスイッチを押すと「はい」「いいえ」の音声が流れるようにした（写真6-4，6-5）。つまり，一つのボイスレコーダーには「はい」（肯定），もう一つのボイスレコーダーには「いいえ」（否定）という返事をする応答手段として，母親に「はい」「いいえ」を録音してもらった。

私がひーちゃんの身体の後方より支援し，あぐら座位姿勢で身体の前に高さ20cm位のテーブルを置き，その上にタッパスイッチを接続したボイスレコーダーを置いた。

お盆の上にそれぞれ，タッパスイッチとボイスレコーダーを載せ，テーブルに2つを並べた（右側に「はい」のボイスレコーダー，左側に「いいえ」のボイスレコーダー）。

私や学生の誘いかけや問いかけに対し，肯定的意思を表すときは「はい」，否定的意思を表すときは「いいえ」で，ひーちゃんに応答してもらうようにした。

私や学生とのやりとりは次のようなものである。

---

**《私とのやりとり》**

　　　私　　：おなかすいた？（18時30分頃）
ひーちゃん：はい
　　　私　　：今日のご飯は何かな？　好きな食べ物ある？
ひーちゃん：はい
　　　私　　：何かな？　お魚かな？
ひーちゃん：いいえ
　　　私　　：じゃあ，お肉かな？
ひーちゃん：いいえ
　　　私　　：何かな？……
　　母　親：白いご飯だよね
ひーちゃん：はい
　　　私　　：へぇ，白いご飯が好きなんだね？
ひーちゃん：はい

第6章　障害の重い子どもの指導の実際

写真6-1　赤いボタンのタッパスイッチ

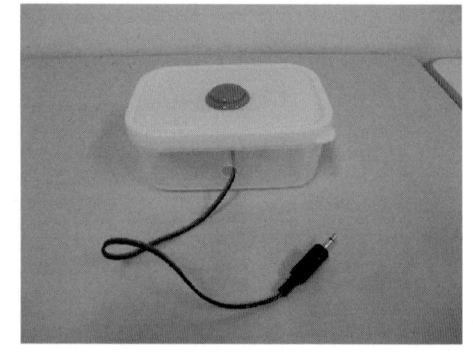

写真6-2　青いボタンのタッパスイッチ

写真6-3　ボイスレコーダー

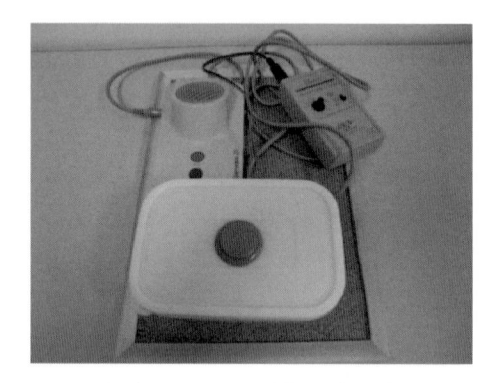

写真6-4　はい（青いボタン）

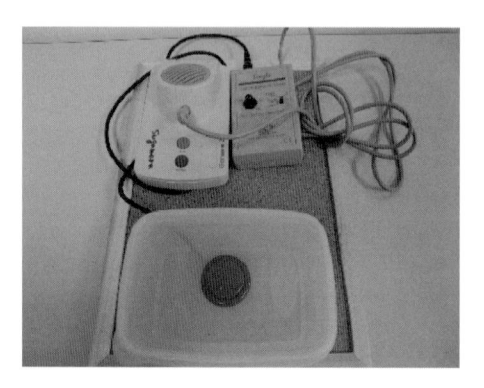

写真6-5　いいえ（赤いボタン）

私　　：ご飯にふりかけはかけるの？
ひーちゃん：いいえ
　　　私　　：白いご飯だけで食べるのが好きなの？
ひーちゃん：いいえ
　　　私　　：じゃあ，何かな？　卵かけご飯かな？
ひーちゃん：いいえ
　　　私　　：じゃあ，のりご飯かな？
ひーちゃん：はい

**《学生とのやりとり》**
　学生B　　：何かして遊ぼうか？
ひーちゃん：はい
　学生B　　：何がいいかな，手遊びしようか？
ひーちゃん：はい
〈5分間ほど手遊びをする〉
　学生B　　：別の遊びしようか？
ひーちゃん：いいえ
　学生B　　：じゃあ，別の手遊びしようか？
ひーちゃん：はい
〈5分間ほど手遊びをする〉
　学生B　　：次はトランポリンしようか？
ひーちゃん：はい
〈5分間ほどトランポリンをする〉

　このような私や学生とのやりとりは，限られた内容ではあったが，ひーちゃんは，私や学生とボイスレコーダーを使用してのコミュニケーションを楽しむようになった。
　私や学生とひーちゃんがやりとりをしている過程で，ひーちゃんに次のような様子が見られることにも気がついた。私や学生の質問に即答せず（「はい」のスイッチも，「いいえ」のスイッチも押さずに），考えているような，あるいは，別の質問を待っているかのような表情をしていた。私が「『はい』でも，『いいえ』でもない

第6章　障害の重い子どもの指導の実際

写真6-6　どちらでもありません

のですか。」と尋ねると，ひーちゃんは「はい」の返事をした。そこで私は，「どちらでもありません」と録音したボイスレコーダーを用意した（「はい」「いいえ」と同様にタッパスイッチにボイスレコーダーをつなげた：写真6-6）。これは真ん中に配置した。ひーちゃんは3個のボイスレコーダーを使用するようになった。

この私や学生とのやりとりは，次第にプレイルームの外でも行われることとなった。ボイスレコーダーに「こんにちは，私は○○です。あなたの名前はなんですか？」と挨拶の言葉を録音し，ひーちゃんの車いすのテーブルに付けて，大学のキャンパス内を回った（「はい」「いいえ」を録音したボイスレコーダーも車いすのテーブルに取り付けていた）。

大学内には，学生や教職員が何千名もいる。廊下ですれ違う学生や教職員に立ち止まってもらい，ひーちゃんがスイッチを押す。毎回挨拶を受けた10名程度の人は，自分の名前を述べ，ひーちゃんに対してさまざまな言葉がけをしてくれた。応えられる問いかけには，「はい」「いいえ」のスイッチを押すことでコミュニケーションを楽しんだ。

このような経験を踏まえ，スイッチは，ひーちゃんの伝達手段としても使われるようになった。

## （3）エピソードの省察

ひーちゃんの発する言葉は，ここ2年間あまりの係わり合いで，数種類あると思われたが，不明瞭でいつも聞かれるわけではなかった。しかし，かなりの言語理解を有していると思われた。ひーちゃんはこれまでたくさんの言葉を受容し，そのほんの一部を発信手段として用いるようになってきていた。

今回使用したボイスレコーダーは，現在のところ，ひーちゃんにとって有効な発信手段であると考えられた。相手に応えようとしてひーちゃんは，しっかりと相手の言うことを聞き，考え，スイッチの選択を行っていた。ひーちゃんは，問いかけに，「はい」「いいえ」「どちらでもありません」という3種のボイスレコーダーを操作して応えていた。また，これとは別に，父親や姉が職場や大学から帰宅したと

きには,「おかえりなさい」と録音したボイスレコーダーを用意し,使用するようにもなり,家族とのコミュニケーションも楽しむようになった。

しかし,今後,ひーちゃんが成長し,より具体的なコミュニケーション場面を考えた場合,この3種類だけでは自分の気持ちや意思を表現できないときがくることが考えられる。また,自分の意思を相手の表現に委ねなければならないことにいらだちを示すようになるということも考えられる。自分の意思を詳細に表現できる可能性のあるトーキングエイド(携帯用会話補助装置)やパソコン等の使用を検討していくことが今後の課題と考えられる。

### (4) 実践事例から考える障害の重い子どものコミュニケーション

AAC (Augmentative & Alternative Communication) は日本語訳で,「拡大・代替コミュニケーション」が用いられている。

これまで障害があれば,その障害をいかに克服するかを課題として障害に応じたさまざまな「(機能回復)訓練」が行われてきた。たとえば,話すことができなければ言語訓練を,歩くことができなければ歩行訓練を受けることが当たり前のように行われてきた。それらのある種の技法は,それぞれの障害のなかで使われ,広まってきた。しかし,AACの哲学・理念は,その障害の枠を超えて存在するものであると考えられる。

AACの定義としては,「人と人との相互理解と交流の深化のために用いられる。言語以外の意図的な全ての生理的手段と,その補完のために用いられる,主として心理的・福祉工学的な援助技法の総称」(安藤ほか, 1998) であるとされている。

また, ASHA (American Speech-Language-Hearing Association) は,「AACとは重度の表出障害を持つ人々の形態障害 (Impairment) や能力障害 (Disability) を補償する臨床活動の領域を指す。AACは多面的アプローチであるべきで,個人の全てのコミュニケーション能力を活用する。それには,残存する発声,あるいは会話機能,ジェスチャー,サイン,エイドを使ったコミュニケーションが含まれる。」と定義している (中邑, 1987, 引用者要約)。

これらのことから,方法としては,個人のもつ障害の代替機器としてコミュニケーションエイド (Communication Aid) を活用することであり,それにより,障害の重い子どものコミュニケーション手段を拡大し,QOL (Quality of Life) を改善するということであるといえる。しかし,コミュニケーションエイドを使うことが目的なのではなく,障害の重い子どものコミュニケーションを促進するために,個人の

第6章　障害の重い子どもの指導の実際

能力を活かしながらコミュニケーションエイドをどう活用していくか，ということが主な目的とされているのである。

つまり，AACの基本は，コミュニケーション手段にこだわらず，その人に残された能力とテクノロジーの力で，自分の意思を相手に伝えることであると解釈することができる。歩けるようになることよりも移動できること，話ができるようになることよりも，コミュニケーションができるようになることへの価値転換の視点が重要であると考えられる。

また，子どもたちとの係わり合いにおいては，教授法や手法論から出発して，それに子どもを当てはめるのではなく，子どもにとって一番適した手段で，一番適した手法を用いていけることが大切なことである。

そのためには係わり手が，多くの手法を知識としてもち得ることは，大切なことであると考えられる。しかし，その手法が，たとえ多くの子どもに有効であったとしても，すべての子どもに有効であるわけではないこと，またその手法が，ある子どもに有効な部分があったとしても，そのすべてがそのまま子どもに有効となるわけではないこと等を念頭において，子どもの"今の障害の状態"から可能な方法を，子どもと一緒に作り上げていくことが大切なことと考えられる。

私たちの多くは，コミュニケーションの最終的な到達点は，言語（話し言葉や書き言葉）をもつことであると考えやすいものである。確かに言語は，私たちの社会では非常に便利なものである。しかし，コミュニケーション手段の最終的な到達点は，各人によって違って当然なことである。ある意味言語をもたず，受信・発信の未成熟な障害の重い子どもにとっては，その子どもが，一番使いやすく係わり手と共有できる「ことば」を，係わり手との係わり合いのなかから，どう作り上げていくかということが重要なことと考えられる。

## 2　障害の重い子どものコミュニケーションの考え方

係わり手は，障害の重い子どもと仲良くなるために，やりとり，コミュニケーションを考えていかなくてはいけない。

まず，障害の重い子どものコミュニケーションの定義については，これまでも多く論じられている。一般的にコミュニケーションというと，一方の側に生まれ出た観念ないし情報を何らかの表現手段を用いて相手に伝え，また伝えられた側はそれ

を正しく理解すること（鯨岡，1999）というように"伝える"ことと"理解する"ことに主眼を置いた理解の仕方としてとらえられている。

　しかし，障害の重い子どもは，ある意味言葉をもたなかったり，表現手段が微弱である場合が多く，もっと広義にコミュニケーションをとらえていく必要がある。

　川住隆一は，「重度・重複障害児の場合，彼らが何かの意思や意図（intension）を持って相手に伝えようとする行動の発現は初めは乏しく，係わり手が子どもの行動を汲み取って対応することが多い。このような重度・重複障害児とのコミュニケーション関係の形成を念頭におくならば，以下の定義が参考になると思われる。」（川住，1999）として，梅津八三の「生活体O1のある行動（運動，分泌，身体表面の色などの変化）が他の生活体O2に（刺激となって）作用してO2がたびたび特定の型の行動を起こすことが認められたとき，両者は交信関係，または伝達関係にあるとするならば，ヒトにおいても，言語行動以外の交信関係がある。O1の行動を発信行動，O2の行動を受信行動とする」（梅津，1976）という考え方を挙げている。

　これらのことから，私は，障害の重い子どもとのコミュニケーションとは，相手（自分）の気持ちや感情といった，簡単には言葉に置き換えることの難しいものを，相手の表情やしぐさなどの身体的な手がかりをもとに，お互いに直感的に"わかり合う"ことをコミュニケーションととらえていくという立場が適切であると考えている。

## （1）　基本的な考え方

　梅津八三は，「(1) 人にかぎらず，およそ生きものが生きているかぎりは，その個体と周囲との間に，なにかの秩序をもった相互交渉（同化・調節）が進行していかなければならない。(2) この相互交渉の進行につれて，固体内の状態も変化するし，周囲の状況も，それにつれて，およびそれ以外の原因で変化が起こる（以下省略）。」（梅津，1969）と述べている。

　また，津守真は，障害のある子どもとの係わり合いについて，「私は個々の能力を伸ばすことを考えるよりも，子ども自身の存在感，能動性，相互性及び自我を育てることが教育の基本と考えている。存在感は，子ども自身がその場所を自分の生きる場所と感じていること…（中略），能動性は，自分が選んだことを自分でやること…（中略），相互性は，人との間で人間的なやりとりをすること…（中略），自我は，一人前の人間としてプライドを持って判断し行動すること…（中略）。こうして自我がつくられるときには，個々の能力はそれに伴ってできるようになる。歩

第6章　障害の重い子どもの指導の実際

けるようになるという未来を設定してそこから出発するのではなく，その子どもの"いま"の心に敏感になってそれに応答するところから未来が生まれる。」（津守，1997，引用者要約）と述べている。このような津守の発達論は，子どもの発達を，客観的な"能力"のあるなしからではなく，保育者（係わり手）の発達との関連性の上で論じていると解釈できるのではないだろうか。

こうしたことは，人は人との係わり合いをもちながら生活するという，社会性を生まれもった存在であり，人は人との係わり合いのなかから，自分が自分として生きていくための多くの学びを積み重ね，育っていくということを指し示しているといえる。

つまり，人が人として，また自分が自分として育っていくためには，"人との相互的な係わり合い（やりとり，コミュニケーション）"が土台になくてはならないのである。そして，それは障害のあるなしにかかわらず，人が育っていくには必要なことであるといえる。

## （2）　教育的な係わり合いにおけるコミュニケーションの意味

特別支援学校などで，障害の重い子どもと係わり合いをもつときの一番の困難さは，ある意味言葉をもたず，表現手段が乏しいので，"子どもの気持ちが読みとれない"，"どのように係わり合いをもてばよいのかわからない"ということと考えられる。

係わり手が，教育現場で，子どもに"何かを教えよう"という立場に立つと，係わり手の一方的な働きかけばかりになってしまいがちになる。子どもの気持ちを読みとろうとしない係わり手側からの一方的な働きかけは，子どもにとってはまったく意味をもたず，時には苦痛を与えてしまうことにもなる。また，このような係わり合いを進めていくと，係わり手自身も，何か空回りをしているような虚しい気持ちにもなる。

子どもと一緒に活動を作っていくという視点から，コミュニケーションを図ることが大切なことであり，必要なことであることを，子どもたちが係わり手に教えてくれているのではないだろうか。

子どもがコミュニケート（Communicate）することをあきらめていたり，子どもからのコミュニケートがなかったとしても，係わり手だからといって子どもの許可なしに心のなかに踏み込んではいけないことなど，ごく当たり前のことを，障害の重い子どもとの教育的な係わり合いのなかで学ぶことになる。

私も障害の重い子どもとの教育的な係わり合いのなかで，子どもの気持ちと私の気持ちとの間にしばしばズレが生じる経験をした。どうしたら私の気持ちを伝えることができるのかと考えをめぐらす前に，子どもの気持ちがどの方向に向かっているのかをまずは考えることなど，私自身の対応を深く反省しなければならなかった。

教育現場で，子どもと気持ちを通い合わせたやりとり，コミュニケーションを大切にしない活動は，係わり手である教師が準備した活動自体を遂行しようとすることに重点が置かれ，子どもが関心を示していなかったり，拒否を示しているときにも，それを受け止めずに活動を進めることになり，結果的には，子どもを無視した教師本位の活動となってしまいかねない。また，活動で子どもが楽しめることは必要であるが，子どもたちが楽しむことだけに主眼が置かれてしまうと，すべて子どもたちが受け身の活動となってしまっていても，反省されないことになる。

教育現場での子どもたちとの教育的な係わり合いは，どんな活動をするかの吟味も大切であるが，それ以上に，子どもたちとどう係わり合いをもって，活動をどう展開したのかということの方が，教育的意味をもつものと考えられる。

それゆえに，教育的な係わり合いのベースには，子どもとのコミュニケーションが図れることが必要なのである。

## （3） コミュニケーション障害

### ① 基本的な考え方

川住隆一は，「われわれが目指しているのは，子どもと大人（かかわり手）とがともに主体者として相互に影響し合うような，双方向性のやりとり（mutual interaction）の上に成り立つコミュニケーションであるので，コミュニケーション障害とは関係の障害であるという認識に立つことが重要である。」（川住，2000）と述べている。

また大石益男は，「従来，コミュニケーション障害児と呼び，通じにくさや伝わらなさの原因つまりコミュニケーション障害の原因を一方の側の能力の未成熟に求めること（多くは心身障害児の表現技術等の未熟）が通常であった。しかし，相手の気持ちの読みとりは，受け手の解釈であり，解釈が成立しないということは，受け手が相手の世界を理解し得ないということであり，これは両者の見合い方，つまり関係が障害していると考えることができる。」（大石，1988）としている。

さらに鯨岡峻は，「コミュニケーション障害とは，関係をもつことの難しさであり，コミュニケーションが不可能な状態なのではなく，原初的形態でのコミュニケ

ーションが目指されているひとつの形態である。」(鯨岡,1999)と述べている。

　これらのことから係わり手が障害の重い子どもとのコミュニケーションがうまくとれないということは，子どもたちのコミュニケーション能力に障害があるという認識に立つのではなく，コミュニケーションが双方の相互的なやりとりであるという観点に立つことにより，その相互的なやりとりが成立しないということ自体をコミュニケーション障害であると考えることができる。

　その原因を子どもの障害や程度に求めるのではなく，双方の関係性の障害であるという認識は，特に障害の重い子どもとのコミュニケーションを考える上での重要なポイントとなる。そこからのコミュニケーション障害の改善は，双方の関係の改善によってもたらされ（大石，1988），関係性の改善において，係わり手の在り方に対する見直しが必要と言える。

　また，鯨岡（1999）のコミュニケーション障害に対するとらえ方は，障害を重視するのではなく，改善を導く状況としてとらえた独自の視点といえる。

　学校教育のなかで，関係の改善を図るという立場から，係わり手である教師の在り方を見直していくということは，当然，教師の役割といえる。また，障害の重い子どもとのコミュニケーションを考えるにあたっては，子どものコミュニケーション能力を促進という考え方に立つのではなく，子どもとの係わり合いのなかでのコミュニケーションをどう育てていくかという観点に立つことが重要であると考えられる。

② コミュニケーションを困難にしている具体的状況

　ここでは，松田（1998）の，重度・重複障害児のコミュニケーションを困難としている要因を参考に，以下で「子ども側の要因」と「係わり手側の要因」とに整理することとする。

### (1) 子ども側の要因
〈表出に対する困難さ〉
・随意運動の困難さ
　　障害の重い子どもは，音声系や手・足の運動が困難であるために伝えたい内容であっても，はっきり伝えられない。
・伝える信号の制約
　　障害の重い子どもの伝えたい内容が，ある程度細かく分化し脈絡があっても，

使える手段が，著しく限られているために，なかなか本心が伝えられない。
・表出内容の不明確さ
　障害の重い子どもが，発信したい気持ちはあるが，その内容が漠然としていて，はっきりまとまらない。
・移動，接近の困難さ
　障害の重い子どもは，発信したいが，相手の近くまで移動できなかったり，相手を呼ぶことができないため，表出が頓挫してしまう。

〈受容に対する困難さ〉
・感覚系の不十分さ
　障害の重い子どもは，視覚・聴覚・触覚など，主として受容に係わる感覚系が不十分なために，周囲の人の発信内容をごく一部しか受容できないか，発信の相手としてとらえるのにかなりの時間を必要とする。

## (2) 係わり手側の要因

・偏見や固定観念
　係わり手が，目の前の障害の重い子どもの実態を思い込みや決めつけからとらえ，適切な読みとりにいたらず，不適切な係わり合いをしたり，同じ係わり合いを続ける。
・場の共有の不足
　係わり手が十分な時間をかけて障害の重い子どもとの場を共有しないために，子どもの表現の機会を作れず，コミュニケーションが発展しない。
　不特定の変動しやすい状況（係わり手，仲間，場所，教材などが次々に変化する状況）に障害の重い子どもを置くことを優先するため，子どもが発信しにくい状況が積み重なる。
・子どもの表出を軽視する
　やりとり，コミュニケーションを音声言語中心に考えるために，障害の重い子どもの発声以外での方法での表出を軽く扱う傾向がある。
　係わり手の発信に対する障害の重い子どもの的確な応答を求めるために，それとは一見関係ない子どもからの表出が読みとれない。
　障害の重い子どもの表出内容に肯定的な事柄を求めるために，「嫌だ」という表出に気がつかない。
　障害の重い子どもが，「嫌だ」という表出を明確にしているのに，それを受け

第6章　障害の重い子どもの指導の実際

止めずに，同じ係わり合いを続ける。
　障害の重い子どもが，何かを求めて発信していることを読みとれるのに，それを実現する方向で係わることをしなかったり，子どもと交渉することなく他の方向に誘ったりする。

　上記(1)(2)より，コミュニケーションが二者間の相互的な係わり合いであるとするならば，そのつまずきやとどこおりも相互の営みからのものであると考えられる。
　コミュニケーションをとるうえで，子どもと係わり手，両者の要因が相互に関連しあって，コミュニケーションの障害が起こっているのである。
　障害の重い子どもとうまくコミュニケーションがとれないことに対して，教育現場では，子どもの側に解決を見出そうとすることが多く見られる。しかし，子どもの発信の在り方は，係わり手の受信の在り方に大きく左右されるものであることは，コミュニケーション障害を考えるうえで，大きなポイントとなる。
　また，互いに障害を生み出す要因があるとしても，教育的な係わり合いを考える上では，その障害の改善のために努力をしなくてはならないのは，係わり手であるのは当然のことである。
　まず，係わり手の在り方から見直して，今，目の前にいる子どもとのコミュニケーションをどう育てていくかということを大切にしていく必要がある。係わり手が変わることが，子どもとの関係を変えていく第一歩であり，係わり手としての役割であると考えられる。

## （4）コミュニケーション成立の条件

　係わり合い当初，無表情で，体の動きがほとんどみられなかった障害の重い子どもも，係わり合いが進むにつれて徐々に表情や体の動きがみられるようになる場合が少なくない。係わり手が，子どものわずかな動きや表情を手がかりに，"外界に向けて子どもが発信しようとしている"ように想えてくることが多くみられるようになる。子どもは，どんなに障害が重くても，状況の違いや変化は感じているものであり，係わり手は，わずかな表情の変化やしぐさであっても見逃さず，その背景にある"子どもの気持ち"を理解しようとする教師の"かまえ"が，何よりもまず，係わり手である教師に求められることなのである。
　以下で，私が考える障害の重い子どもとのコミュニケーションを成立させるための条件を述べることとする。

① 係わり合いの出発点
・いかに障害の重い子どもであったとしても，状況の違いや変化を感じているととらえる。
・障害の重い子どもを一人の人格をもった主体として認める。

② 実態をとらえる
・障害の重い子どもの家族や前担任，施設職員など，関係者からの資料収集を行う。
・発達検査，心理検査，知能検査などを実施する。
・障害の重い子どもとの係わり合いを通しての実態把握をする。
・障害の重い子どもを取り巻く状況のなかで，どのようなものをどのように，どのようなものを使って感じとろうとしているのかをとらえる。

③ 行動をとらえる
・障害の重い子どもの行動を肯定的にとらえる。
・障害の重い子どもの行動を，係わり手との関係のなかで考える。
・診断名にとらわれず，障害の重い子ども独自の歩みのなかでとらえる。
・障害の重い子どもは，内外の関連で常に変動しつつ生きていることを押さえ，固定化や偏見をもたずにとらえる。
・障害の重い子どもの発信は，それにふさわしい係わり手の受信の在り方が用意されているかに大きく左右されるものであることを踏まえる。

④ 安心できる環境を工作する
・人に係わる条件
　係わり手が，障害の重い子どもにとって「安心・安全な拠点」になること。
　係わり手との係わり合いで満足感・充実感を味わえること。
・物に係わる条件
　障害の重い子どもの居場所が「安心・安全な場所」になること。
　子どもにとってわかりやすい場所であること。
・活動に係わる条件
　これから誰と何をするのかという，活動の見通しが実感できること。
　活動の内容が，障害の重い子どもにとってわかりやすくて，楽しめるもの，満足感・充実感を味わえるものであること。

第6章　障害の重い子どもの指導の実際

⑤ 行動を読みとることから始める
・係わり手は，まず子どもの行動を読みとる側にまわる。
・障害の重い子どもの表出している行動を認め，それを活かす係わり合いをする。

⑥ 選択性，指向性を活かしつつ，状況を整理する
・活動に必ず予告と打診をする。
・微弱な嗜好性や選択性の表れを読みとって対応する。
・障害の重い子どもが，選択できる状況を用意する。
・状況を整えて，障害の重い子どもの意思表示を待つ。

⑦ ガイドを工夫する
・係わり手が手本を示す。
・障害の重い子どもの主体性を損なわないようにする。

⑧ わかりやすい手段を工夫する
・係わり手は音声言語に具体物や身振り等を重ね合わせて発信する。
・障害の重い子どもの表出している動きや可能な動き，受信している感覚，関心に即して信号を導入する。
・障害の重い子どもの受信可能な感覚系に向けて発信する。
・障害の重い子どもの使用可能な手段で発信する。
・オリジナルのコミュニケーションボードを作り，常備する。

⑨ 表出，実感できることを重視する
・障害の重い子どもが，自分の意思で人に接近できることを実感する。
・障害の重い子どもが，自分の行動が周囲の人に影響を及ぼすことを実感する。

⑩ 障害の重い子どもと係わり手の気持ちにずれがあるときには，必ず折り合いをつける
・やりとりとは"相手の思いを何とか実現する方向で交渉する・相手に働きかける"という意味で定義されると考える。これは，自分は譲らず，何とかやめさせようと，あの手この手で説得したり・おどしたり・すかしたりする"かけひき"とはまったく違った意味をもつものである。このやりとりにおいて，係わり手・

子ども，どちらがイニシアチブを取るかが重要である。係わり手がイニシアチブを取った場合，時として"かけひき"になりがちで，係わり手が指導をするという印象が強くなってしまう場合が多い。子どもにイニシアチブを与える，つまり子どもの主体性を生かすことからやりとりははじまり，子どものイニシアチブのもとにダンスをするようなものであり，係わり手・子ども双方で作り上げるものである。

## 3 コミュニケーションの水準からみた障害の重い子どものコミュニケーション

### （1） 原初的および前言語的コミュニケーション

私は，コミュニケーションが育っていく過程として，大まかに以下の3つの水準に分けることができると考えている。

(1) 原初的コミュニケーションの段階
(2) 前言語的コミュニケーションの段階
(3) 言語的コミュニケーションの段階

障害の重い子どもは，ある意味言語をもたなかったり，受容能力が未成熟であったり，表出や表現手段にも制限があることが多い。障害の重い子どもにとってのコミュニケーションは，先述の水準に照らして考えると，原初的コミュニケーションと前言語的コミュニケーションに相当することが多いと考えられる。

コミュニケーションの発達的側面からみた2つの水準の内容を踏まえることも，障害の重い子どもとのコミュニケーションを考えていくうえでも必要であると考えられるため，以下でその内容について述べることとする。

① 原初的コミュニケーションについて

原初的コミュニケーションの定義として，鯨岡は「主として対面する二者のあいだにおいて，その心理的距離が近いときに，一方または双方が気持ちや感情の繋がりや共有を目指しつつ，関係を取り結ぼうとするさまざまな営みを原初的コミュニケーションと呼ぶ。」（鯨岡，1999）としている。

また，具体的には「生活のさまざまな場面において，大人が子どもの気持ちをくんで，子どもに合わせるようにかかわる一方で，子どもの表出が多様化し，大人の

### 第6章　障害の重い子どもの指導の実際

働きかけに子どもが少しずつ合わせられるようになって，子ども―大人の間にわずかでも通じ合う局面が現れてくるということ」(鯨岡, 1999) と説明している。

原初的コミュニケーションの段階では，気持ちのつながりを一方または双方が目指していること，そして気分や感情が共有できたとわかったり，何かをわかり合えたと思えることが，重要であるといえる。

また，コミュニケーションの育つ道筋としては，原初的コミュニケーションをベースに，前言語的コミュニケーションが育っていく。そして，次に言語的コミュニケーションが育っていくものであり，原初的コミュニケーションは，コミュニケーションの基底を成すものであると考えられる。

鯨岡は，この原初的コミュニケーションの発達内容として，「要求や意図がまだ未分化で，その気持ちが読み取れないことが多い子どもに対して，主に大人が主導して二者関係を原初的コミュニケーション関係にしつらえようとする（気持ちを少しでも通じ合わせようとすることが，係わり手の当面の目標／大人が何かを期待して子どもに働きかけ，子どもが応答的に振舞うようにその働きかけを調整する／子どもの気持ちを感じ取ったときには，それに対応した働きかけを行って，子どもから何らかの応答を引き出そうとする）中で，大人の側には『何かしら通じ合えた』という感じが得られる。そうした係わり合いが進む中で，子どもは，分節しかけた要求や意図をぶつけるかたちで大人に働きかけるようになってくる。大人はその働きかけから把握した子どもの気持ちを言語化したりして，子どもと『気持ちを共有』するようになるのである。そして，その発達にはかかわる側の大人の役割が非常に大きいものである。」(鯨岡, 1999) と説明している。

また，こうした内容を「指導者の感度の高い対応を必要条件としながら，他方では，子どもの側に潜在していた力が，ある形の表出や応答となって表に現れ，それが指導者との関係の中で子どもにしっかりと根付くのを待つものである。」(鯨岡, 1999) とも説明している。

② 係わり手の役割

鯨岡は，この原初的コミュニケーションの特徴として，その発達において係わり手の役割に大きな比重がかかっているという点を重視し，その大人の役割として，次の6点を挙げている (鯨岡, 1999)。

　① 場を共有し，関係を作り上げようとする暗黙の志向

　　大人が，子どもの存在を受け入れ関心を向け，2者間を原初的コミュニケー

ション事態に仕立てようとすること。
② 気持ちや気分の共有
　大人側のポジティブな感情が子どもの気持ちと通底すること。また，「通じ合うことの喜びの共有」であり，この経験が積み重なる結果に，子どもの大人への基本的信頼や大人の側では係わりの基本的自信が生まれる。
③ 大人の「読み込み」と「先取り」
　大人の側が，子どもの気持ちの動きを，あたかもそういう気持ちであるかのように読み込んでかかわったり，先取りしてかかわったりすること。これは結果的に子どもの気持ちの分節をもたらすことがある。
④ 大人の感受性（主体性）
　大人の感じ取りの有無とその内容が局面の展開を左右するということ，大人側の感受性や原初的コミュニケーションの場にしつらえる主体的の「力量」が，大きな意味をもつ。大人の感じ取る力が増せば，子どもとの原初的コミュニケーション関係も変化する。
⑤ 子どものイニシアチブ（initiative：主体性）を受け入れる大人の余裕
　子どもは，一人のイニシアチブをもつ主体（人格）として受容し，対応の中からイニシアチブが生まれてくることを期待しながら，子どもの気持ちや意図にできるだけ添おうとする。それは，大人の働きかけに子どもが応答した場合でも，子どものイニシアチブと受け止める傾向をもつ。大人の働きかけに拒否の形でイニシアチブが発揮されたときでも，その気持ちに添おうとして，その働きかけを引っ込めることができる大人の側の心理的余裕が，関係が相互的になる上で重要であるということ。
⑥ 子どもにわかる仕方での働きかけ
　大人の側が，子どもに何かを働きかける場合は，言語的な働きかけだけでなく，表情，身振りや体の動き，音声，触刺激など，あらゆる表現モードが総動員されているということ。大人が「表現し感受する身体」として，子どもと場を共有するとき，二者の情動は共有しやすいものになる。

## （2） 前言語的コミュニケーションについて

　前言語的コミュニケーションの「発達の特徴」として，次の3点が挙げられる（文部省，1992）。
　第1点目　子どもが日常生活の中で繰り返し起こる様々な出来事や日課，身近

な人や物を意味あるサインとして理解することで外界を認識し，自らもその意思を身振りや表情，発声，指差しなどで表出したりし，コミュニケーションを深めていくようになることである。

第2点目　この時期の子どもの未熟な表現や，指示対象の特定しにくい表出内容を解釈する，大人の側の役割が不可欠であり，それがコミュニケーションの成否を決定することである。

第3点目　子どもが「泣き」や「指差し」などを媒介項として位置的に用い初め，シンボルとしての言葉への第1歩を踏み出すということである。

また，前言語的コミュニケーションの「発達過程」の具体的内容として，次の6点が挙げられる（文部省，1992）。

① 特定の人に対する愛着行動の形成

そこをよりどころにして，外界に向かっていく。原初的コミュニケーションでの大人との間に快の状態を共有できることが重要な要因となる。

② 手を使っての積極的な物との係わり

認知面でいうと，物の直接的操作から，視覚を中心とする対象化への移行。

③ 志向性のある行動の始まり

物を媒介とした人とのつながりを作り出す契機となる。

④ 表出の手段化と表現機能の始まり

表出を子どもが意図的に手段として用いる。子ども自身にとっても，指示対象や内容がある程度は特定され，訴えたい，伝えたいという意図も明らかになりつつある。これを充実するには，子どもの表出を大人が積極的に受け止め，解釈し，子どもにフィードバックする係わりを重ねることが必要となる。

⑤ 「泣き」の手段化

「泣き」という本来的には情動に基づく行為を手段化して，自分の思いや要求を相手に伝えることを始める。泣く代わりに，大人の顔をじっと見たり，欲しいものをじっと見続けたりすることがある。大人は「泣き」や視線の意図をよく見極め，子どもにはっきりとわかるような言葉や動作で返していくことが大切である。

⑥ 第3者の共有

「自分-他人」「自分-物」という二者の関係だけでなく，他者や自分の行為等を媒介に他人に働きかけ，要求したり共感や確認を求めたりすること。他人への手渡し，提示，指差し，などの行為として典型的に示される。

これらのことから，原初的コミュニケーションを基底に前言語的コミュニケーションは育っていくものであり，常に原初的コミュニケーションは存在していると考えることができる。

鯨岡（1999）は，コミュニケーションを感性的コミュニケーションと理性的コミュニケーションに分けており，感性的コミュニケーションが原初的コミュニケーションであり，その原初的コミュニケーションでは，ここでいう前言語的コミュニケーションをも含めて原初的コミュニケーションとしている。すなわち，前言語的コミュニケーションの発達においても，係わり手の果たす役割はとても重要であるといえる。

## 4 コミュニケーション手段について

### （1）障害の重い子どもとのコミュニケーションにおける「ことば」の考え方

ロシアの心理学者，ルリヤ（Alexander R. Luria）は，「言語」は「コミュニケーション手段」の他に「思考の手段」，「行動を調節する手段」の3つの機能があると指摘している（ルリヤ，1962）。

私たちの生活のなかで，自分らしくその人生を生きていくためには，言語の機能は重要で，なくてはならない必要なものであることは間違いないことである。それはどんなに障害の重い子どもたちにとっても同様なことであるといえる。しかし，障害の重い子どもの多くは，ある意味「言語」をもたず，その子どもたちにとっての"言語"をどのように考えたらよいのだろうか。

私たちは，コミュニケーションを行ううえで，"言語"を中心にコミュニケートしている。しかし，"言語"以外の手段も多く使って，相手に気持ちや情報を伝えようとしたり，相手の話を聞こうとしている。私たちが相手に話をするときには，"言語"に表情や身振りを重ね合わせて話すことを行っている。また，相手の気持ちを受け止めようとするときにも，"言語"以上に，相手の表情や声の状態，態度などの果たす役割は大きいものである。それらはまた，広義から考えると"言語"にならない"ことば"ととらえることができるのではないだろうか。

ある意味"言語"をもたないことが多い障害の重い子どもとのコミュニケーションにおいて，その子どもに気持ちを伝え，あるいは理解できる手段すべてを"ことば"ととらえることができるのではないだろうか。

### （2） 障害の重い子どもにとっての生活に生きた「ことば」

　私は，障害の重い子どもが"ことば"を使うことについて，子どもが自分の気持ちを伝えたいという想いから使われるものではないかと考えている。

　特別に設定された場面での"ことば"のみの習得は，子どもにとって意味を感じられず，"日常生活で使えることば"にはつなげられにくいのではないかと思われる。子どもたちとの係わり合いのなかで，その"ことば"が"使うことば"であるということが重要なことである。

　私たちが日常使っている"言語"というもの自体が，そのもの単独で作られたものではなく，人との係わり合いのなかで必要として作られた文化であるように，子どもたちにとっても，人との係わり合い，すなわちコミュニケーションを通して，身につけていった"ことば"が，子どもたちにとっての意味ある"ことば"となるのは当然なことである。そして，その"ことば"を子どもたちが，日常生活のなかで使うことができるように指導・支援することが，大切なことであると考えられる。

### （3） トータルコミュニケーションについて

　トータルコミュニケーション（Total Communication）は，1967年に米国のホルコム（Roy Kay Holcomb）が聾児のコミュニケーション指導の方法として提唱したものであるとされている（田上，1985）。

　トータルコミュニケーションの本来の意義は，「コミュニケーション・モードを限定しない」というものであるといわれ，ホルコムは，その定義のなかで，「トータルコミュニケーションの目標は，全てのものに完全なるコミュニケーションの機会を与えることである。」と述べている（田上，1985）。

　また，エリザベート・ウォード（Ellzabeth Wold）は「トータルコミュニケーションは，哲学であり，コミュニケーションを発達させるために，全ての感覚経路を使い，それをアレンジすることを意味します。可能となるコミュニケーション方法は，その全てが等しい価値をもっています。人はみな，その人が利用できる最上のコミュニケーション・チャンネルで，コミュニケーションできる権利をもっています。トータルという言葉は，互いに理解し合うために，コミュニケーションに役立つ考え得る全ての手段，という意味に力点が置かれています。トータルコミュニケーションの哲学においては，これら全てのコミュニケーション方法は，それぞれが互いに評価し合う関係にあります。異なるコード，その組み合わせの仕方は，文化を表わして，そして，これらの文化はそれぞれ等しい価値をもつものなのです。」（図6-

4 コミュニケーション手段について

```
            Muscle   Smell
      Taste         Gesture
    Writing         Mimicry
     Icons          Pantomime
     Photo          Point
   Graphics         Sign Language
  Lip Reading       Signed Speech
    Speech          From Sign to Speech
     Sound          Hand ABC
   Eye Contact
```

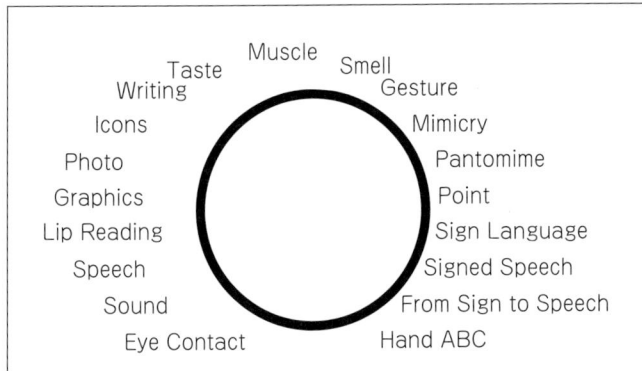

Muscle：筋の動き，Sound：音，Pantomime：パントマイム，Taste：味，
Eye Contact：アイ・コンタクト，Writing：書くこと，Hand ABC：手文字，
Mimicry：擬態・擬音，Icons：類似的記号
From Sign to Speech：話し言葉の中の中心的な言葉を手話的に表現すること，
Photo：写真，Graphics：図画，Signed Speech：話し言葉の手話的表現，
Lip Reading：読唇，Sign Language：手話，Gesture：身振り，Speech：
話し言葉，Point：指差し，Smell：臭い

**図6-1 ウォードによるトータルコミュニケーション**
（出所）　国立特殊教育総合研究所（1999）。

1）と述べている（国立特殊教育総合研究所，1999）。

　これらのことから，トータルコミュニケーションとは，話し言葉や書き言葉を，その他のコード（Code：手段）を使って表現するという考え方に特色があり，話し言葉は表現手段の一つであり，すべてではないと考えられる。また，そのコードのすべては，話し言葉や書き言葉と同等の価値があるものととらえ，そのコードには限定がなく，子どもたちがコミュニケーションを成立させるために必要なもののすべてを指す。そして，そのコードを子どもたちとのコミュニケーションにおいて，組み合わせ，アレンジして活用するということである。そのアレンジされたコードである，その子どもにとっての"ことば"もまた，話し言葉や書き言葉の文化と同様に，同等の価値をもつ文化となる。

　また，コミュニケーションの在り方という側面では，係わり手の立場や正常化論の立場からではなく，目の前にいる子どもたちをありのままに受けとめ，認め，子どもたちの立場から適した方法を考えていく。"ことば"だけを教えようとするのではなく，コミュニケーションが人間関係のなかで発達することを押さえ，適切な

第6章　障害の重い子どもの指導の実際

環境や活動のなかからコミュニケーションを発達させ，"ことば"を育てていくことが重要なことであるといえる。

## 5　障害の重い子どもとコミュニケーションを充実させる12の視点

　人は人との係わり合いをもちながら生活するという社会性を生まれもった存在である。そして，係わり合いのなかで考え，学び，育っていく。それは人として生きていくうえでは，障害のあるなしにかかわらず，誰にとっても共通に必要なことである。

　私たちのコミュニケーションは，言葉でその多くを行っている。そのため特に，受容能力が未成熟だったり，言葉や表現手段をもち合わせないことが多い障害の重い子どもの学びにとっては，コミュニケーションをとるということが，すべての活動において，より重視される必要があるのではないかと考えられる。

　また私たちが，教育現場で，障害の重い子どもと係わり合いをもつときに，コミュニケーションがとれないことが一番の問題となることが多い。それは，私たちが子どもたちと係わり合うときには，コミュニケーションが重要であり，教師側からの一方的な係わり合いは子どもにとっても，係わり手にとっても意味をもたないものであることを，実証的に実感できているためではないだろうか。

　さらに，コミュニケーションがとれている係わり合いのなかでは，子どもたちはとても良い表情であったり，生き生きしていることが多いものである。人と気持ちが通じ合える，人と気持ちを共有し合える，安心できるということ，またそういう人が存在することを実感できるということは，活動する意欲や生きる力にもつながっていくことであると考えられる。これもまた障害のあるなしにかかわらず，共通なことであると考えられるが，特に，生命活動が脆弱な障害の重い子どもにとっては，コミュニケーションの充実は最も重要視していく必要があるものであると考えられる。

### （1）障害の重い子どもの実態把握を考えるということ
#### ① 実態把握の前提の考え方
　どんなに障害の重い子どもでも親や先生，友だちなどと話をしたいと思っている。

たとえば，障害の重い子どもたちは，話をしようと思ってもどのように話したら（表現したら）良いのかわからないことが多いのである。係わり手である私たちが「○○ちゃんの言いたいことは△△ですか？」と尋ねることは，やりとりする上で，子どもたちにとっては随分と助けになる。その時に仮に，子どもが話したいという気持ちがなくても「この先生は，私の言うことをちゃんと聞いてくれるんだ」と思うことがある場合も考えられる。そして，心を開いてくれる可能性が生まれるかもしれない。

　係わり手である私たちは，こちら側の言い分を子どもに伝えることがあたり前になっているところがある。でもそれは逆ではないだろうか。まず子どもの言い分を聞くことからはじめなければならない。そこから"通じ合うコミュニケーション"が始まるのではないだろうか。この係わり手による子どもの行動（ふるまい）の意味の読みとりは，「係わり手－子ども」間の共通シグナル（Signal）の形成に発展することが考えられる。このことは，子どもは言葉だけではなく，身体の動きによって自分の気持ちや意思を表す。この子どもの身体の動きを子どもが自分から何かをやろうとしている気持ちや意思の表れとして係わり手が読みとることからやりとりが始まるからである。そして係わり手である私たちは，子どもの行動を意味づけしていく。そして障害の重い子どもの表すシグナルや行動は"視線で指し示した"，"指を動かした"，"呼吸が変化した"，"筋が緊張した"，"音を立てた"または"ある特定の動きをした"というように，微細なものであることが多いのである。

　このような子どものシグナルや行動の読み取り方として次の3通りが考えられる（国立特殊教育総合研究所，1999）。

(1) **翻訳**（Translation）：別の表現に直してみること
　翻訳とは，自分が読みとった子どもの行動（ふるまい）を，その子どもがわかる，理解できる別の表現（たとえば，身振り，音声言語など）で言い換えること。
　つまり子どものやっている行動の意味を確認するということである。

(2) **解釈**（Interpretation）：意図から意味を読みとること
　解釈とは，子どもがやっている行動の意味が理解できた場合，そこからあなたの「言いたい」，「やりたい」ことは「こういうことなのですね」と提案すること。
　つまり，子どもの行動をまずは言葉で返すということである。

第6章　障害の重い子どもの指導の実際

(3) **過剰解釈**（Over-Interpretation）：とりあえずの意味づけを試みること

　過剰解釈とは，子どもが「やろうとする行動」や「やっている行動」の意図や意味が読みとれないとき，とりあえず「きっとこういう意味だろう」と解釈して子どもにある事柄を提案すること。

　間違える可能性があるかもしれないが，その場の全体状況や二人の活動文脈などを考えてあえて解釈する。

　過剰解釈することをやめて「解釈できないから何もしない」ことと「たとえ間違ったとしても，解釈して子どもに何かを働きかけてみる」こととは，どちらが現実的で生産的なことだろうか。

　係わり手が「意味のわからないこと」や「解釈できないこと」に無視をしたり，距離をおいてしまうと，子どもの意見を無視したり，否定することにもなってしまう。


② 実態把握の実際
(1) **標準化された諸検査を利用した実態把握の考え方**

　障害の重い子どもと教育的な係わり合いをもつ場合，その子どもの"今の障害の状態"を把握することは，指導・支援を行ううえで，欠かすことのできないことである。

　これまで障害の重い子どもの実態把握をする場合，発達検査や心理検査，知能検査など，標準化された検査類を用いる方法や，日常生活場面や学習場面などで，子どもを観察する方法で，その子どもの状態像を理解し，必要な指導・支援を行うことがほとんどであった。

　しかし，障害の重い子どもに対して，これらの標準化された検査類を実施しても，測定困難という結果であったり，子どもを検査項目に当てはめて測定するため，"今の障害の状態"とかけ離れた結果になったりすることが多く見られた。

　私は，障害の重い子どもとのより深い係わり合いを具体的に考えていく局面では，このような標準化された検査からの情報はほとんど貢献しないことを多くの子どもで経験した。

　ある種の尺度をあてがって，そこから指導目標を導き出すということは，係わり手の省エネ・合理化・真摯な係わり合いの放棄と言っても言い過ぎではないのではないだろうか。

### (2) 行動観察による実態把握の考え方

　障害の重い子どもの実態把握のための行動観察は，大学などの研究機関で行われる特定の条件整備のもとで特定の行動をチェックするための観察では，教育的支援の視点から考えた場合，あまり役立たないと思われる

　私は，障害の重い子どもの実態把握のための行動観察は，その子どもの"今のありのままの状態（障害の程度や発達の程度）"を的確に把握し，教育的な係わり合いの手がかりを得るために行うものであると考えている。

　私たちは一見すると，障害の重い子どもの"できない"ところに目が留まってしまうことが多いものである。

　個別の指導計画を作成するときなど，先生は，子どもの"できない"ところを列挙し，その"できない"ところに指導をして，"できる"ようにするという指導目標を掲げる。しかし，私たち係わり手は，そんな簡単に"できない"ところを"できる"ように指導することができるものなのだろうか。私たちも常に"できない"ところを"できる"ように指導されることは，常に生きづらい環境に身を置かれるということになる。私たちができることは，"少し頑張ればできること・できそうなこと"に目を留め，指導することではないだろうか。重い障害があるからではなく，私たち係わり手が，子どもたちの"少し頑張ればできること・できそうなこと"に目を留めるという実態把握をしなければならないのではないだろうか。

　どんなに障害の重い子どもでも必ず"少し頑張ればできること・できそうなこと"はあるのである。そこに私たちが目を留めることができるか，気づくことができるかではないだろうか。

### (3) 望ましい実態把握の在り方

　子どもたちの学校生活では，食事や排せつ，歯磨き，着替えなど，子どもたちが現す刻々のふるまいに待ったなしに係わり手からの働きかけがなされる場面が考えられる。そして，もう一つは，生活単元学習や遊びの指導，音楽など，あるビジョンのもとに内容が仕組まれ，構造が与えられ，方法が考えだされ取り組まれる場面が考えられる。

　しかし，障害の重い子どもは，一般的に自発的な行動が乏しかったり，サインを出すことがわからなかったりするため，このような日常的な行動観察だけでは，子どもの支援のために得られる情報は，質・量ともに限られているため，その子どもの"今の障害の状態"を把握するためには不十分である。

第6章　障害の重い子どもの指導の実際

　私は障害の重い子どもの場合，子どもとの係わり合いを通しての行動観察が最も重要であると考えている。

　係わり手は，一つ一つの具体的な場面を設定し，いろいろな働きかけを子どもに行ってみるということである。係わり手が提示した教材を，子どもがどのようにとらえ，どの感覚を使い，どのような対処行動を起こしたのかなどを把握していくことが大切なことなのである。

　たとえば，子どもの人差し指1本が少し動いたとする。係わり手は，その動いた指に触れるなど，その子どもがわかる方法で，指が動いたことを気づかせる。つまり，子どもが表出したしぐさに係わり手が気づき，係わり手が，その表出したしぐさをどのようにとらえ，理解したのかを子どもに伝えるということである。この提案をめぐって，子どもと意味の探索活動を行う。そこで意味の共有がなされなければ，別の働きかけを工夫して行い，行動観察を行っていく。

　このような丁寧な働きかけを繰り返し行うことを通して，その子どもの一つ一つの行動（しぐさ）の意味を形成していくことが，その子どもの"今の障害の状態"を的確に把握し，教育的な係わり合いの手がかりを得るために行う行動観察であるといえる。

## （2）　子どもの機微に気づくということ

　係わり手と障害の重い子どもの二者間で，コミュニケーションを作り上げ，発展させていくためには，何か特別な方法や特別なもの・場所を用いて行うのではなく，子どもとの係わり合いのなかや，子どもが普段の生活のなかで使っている何気ない動きやわずかな動きなどを，係わり手が，どう活用して発展させていくかということが重要であると考えられる。

　日頃の係わり合いのなかにある小さな出来事や子どもの行動，しぐさなどを，私たちがどれだけ敏感に捨い上げて，やりとりを工夫して発展させていけるかということが大切なことである。

　子どもが，どんな動きで自分の気持ちを表そうとしているのかを確かめることは，まず子どもと係わるうえで必要なことであると考えられる。その動きを見つけ出していくことは，係わり手が，子どもの気持ちを読みとる手がかりになることと，コミュニケーションを作り上げていくうえでの糸口になることであると考えられる。

　子どもの今ある動きから，コミュニケーションを進めていくことは，その動きを意図的に発信することにつながりやすいものである。

## 5　障害の重い子どもとコミュニケーションを充実させる12の視点

### （3）　ありのままに受け入れ，気持ちを読みとるということ

　子どもが現わしているわずかな動きから，その時々の気持ちを読みとっていくこと・読みとりにくい場合でも読みとろうとしていくことが，大切になると考えられる。

　読みとりは，係わり手側のものであり，子どもに確かめていくことが必要となる。障害の重い子どもに対しては，確かめができない場合が多くあるため，その子どもの様子から気持ちを読みとっていくこととなる。仮の解釈なども多くあることとなる。しかし，子どもの気持ちを読みとろうとして，係わり合いを重ねるなかで考えていくことが，コミュニケーションの始まりでもある。また，子どもの感覚の使い方や表現の仕方から，子どもが周りのものと，どのように係わり合いをもとうとしているのかを理解すること，子どもが周りの事柄を受け入れていくペースをつかむことなどが，係わり合いを進めていくうえでとても大事になってくると考えられる。そして，そのうえで子どもをありのまま受け入れようとすることであると思われる。

　子どもをどう変えようとか，どういう力をつけようだとかという考えからはじめるのではなくて，今もてる互いの力をどう使って，係わり合いをもっていこうかということからはじめることが大切であると考えられる。

### （4）　子どもが使っている・使えるであろう動きを活用したやりとりを積み重ねるということ

　子どものわずかな動きを，やりとりのなかで意図的に使っていくということは，子どもが自分のわずかな動きを意識しやすく，そのなかで意味を見出すことができやすいと考えられる。

　また，係わり手が子どもに何かを伝えようとするときも，子どものわずかな動きを活用することは，より子どもにとってわかりやすい手段の一つとなることができると考えられる。

　また，子どもが自分のわずかな動きを意味あるものとして気づくことは，意図的な動きとして使う可能性が大きく，子どもの発信手段の一つとしてつなげていける可能性を大きく含んでいる。

　係わり合いのなかで繰り返し使い，共通の意味をもたせていくこと，共通のサインなどを作り出していくことにおいても，大切なことであると考えられる。

　すぐに子どもが使えることを目的にするのではなく，係わり合いをもつということを大切にして，繰り返し使っていくことが大切になる。

第6章　障害の重い子どもの指導の実際

(5) 動きに必ず応答する・応答を繰り返すということ

　子どものわずかな動きから読みとった気持ちに対して，係わり手が返すこと，そして，それを繰り返していくことである。どんなにわずかな動きも大切にして，受けとめて返していくことが大切であると考えられる。これは，子どもが自分のわずかな動きが係わり手に影響を与えるものであることに気づき，無意識のわずかな動きを意識し，意図的な動きに変えていくのに重要な役割を果たすことであると考えられる。自分のわずかな動きに対して意識すると同時に係わり手を意識できることにつながるのである。

　自分の気持ちが相手に伝わること，自分の気持ちをわかってもらえることは，表現しようとする気持ちを育てていくことにもつながる。しかし，それには，係わり手が子どもの気持ちを適切に読みとれることと，子どもに適切に伝えられる力が必要となる。子どもの気持ちを読みとることに関しては，初めは係わり手の思い込みであっても，そこから子どものわずかな動きを意味づけした係わり合いをしていくことは大切であると考えられる。読みとりが難しい子どもの場合，係わり手は，決めつけをしないという観点から，いつも省察していくことが大切であると考えられる。

　また，適切に伝えられるということに関しては，係わり手が子どもに伝わりやすい手立てを工夫することである。これも子どもの気持ちを読みとることと関連しており，子どもの受けとめやすいものを省察し，身近なものやいつも使っているものを活用したり，子どものわずかな動きや子どもが使えるであろう動きを活用して，伝えていくことが大切であると思われる。

　さらに，たとえば，トランポリンなどで揺らすことに区切りを入れて，継続の意思を子どもの動きから受けとめて活動を続けていくことなど，あえて応答する場面を作っていくこと，身体接触を伴う遊びを中心に，体のわずかな働きを感じとってそれを合図に体を動かしていくことなどの活動を繰り返すことも大切なことである。

(6) 子どもと一緒に活動を作るということ

　係わり手の気持ちを伝えるということ以外にも，"見通しを伝える"，"初めと終わりを伝える"，"今何をしているのかを伝える"など，多くのことが考えられる。

　障害の重い子どもは，移動能力や感覚機能を十分に使えていない・使うことができないことが多く，自分から得られる情報が少ない。授業などの活動場面では，準備が終わってすでにできあがってしまったところばかりしか見ていないことが多い。

## 5 障害の重い子どもとコミュニケーションを充実させる12の視点

自分を知る，自分の生活を知る，授業の内容を知ることは，生きる意欲や活動する意欲につながっていくものではないだろうか。そういう"つもり"がなくても，活動を係わり手で準備して，すすめてしまっていることが多い。係わり手のなかで子どもが活動するということではなくて，一緒に作っているという意識をもち，生活や物事の流れなども，子どもたちの生活の一部として考える機会をもてるようにしていくことは大切なことである。そこから活動の合図やサインも生まれてくる可能性があると考えられる。

### (7) 子どもからの「ノー」の気持ちをも受けとめるということ

係わり合いのなかで，係わり手が子どもの「ノー」の気持ちを受けとめるということが，とても重要であると考えられる。「ノー」の表現は，人の気持ちの根底にかかわる大事な部分でもある。

「ノー」の表現を受け入れてもらえないことは，子どもの存在を大切にしないことにもつながり，表現する意欲をそぎ，子どもの信頼を得ることはできなくなると考えられる。安心した関係にも大きく影響してくる大切なことである。

係わり手が，子どもに何かを働きかけようとすると，無意識のうちに子どもに何かしらの期待する行動をもって子どもをみていることが多くなりがちである。子どもを係わり手のフィルター越しにみようとするのではなく，子どもの気持ちを適切に読みとろうとすることが大切であり，また，わずかな動きであっても「ノー」の気持ちを見落とさないことが大切なことである。そして，そのときには，どう対応するかがとても重要なポイントで，いったん引き下がることも大切である。そして，"これは嫌いなんだ"などと決めつめることはせず，もう一度違うやり方で誘いかけてみたり，時間をおいてもう一度誘いかけてみることも大切なことである。それは，「ノー」の気持ちの原因を考えていけることにもつながり，係わり合いのあり方を好ましい方向に変えていける一つの手立てをも見出していけることにもつなげられると考えられる。

### (8) 興味関心ある活動や経験を積み重ねるということ

子どもが興味をもてるということは，子どもの気持ちが，その興味に向かっているということ，すなわち子どもの気持ちも表現が出やすいところであると考えられる。また，子どもが興味という表現で主体的に選んだ活動であり，興味をもてるということは子どもの気持ちの表現から活動を展開できていく可能性があると考えら

第6章　障害の重い子どもの指導の実際

れる。

　また係わり合いや遊びのなかで，子どもたちが自分の感覚を使って，探索したり，考えたり，気がついたりすることが，とても大切なことである。

　特に，子どもが「みること」，「手で確かめること」など感覚を使うことは，子どもが自分の動きに気づき，意図的な行動に発展していけるものであると考えられる。

## （9）　楽しめる活動・場面をたくさん積み重ねるということ

　遊びのなかから，応答的な場面を作り出していくこと，応答的な遊びを楽しむ経験を多くつくることは，それ自体がコミュニケーションであり，いろいろな手段でやりとりできることである。また人と何かをすることが楽しいと思えることが，人を意識し，人に向かう気持ちを育てていけるものなのではないかと考えられる。

　子どもが興味をもっていることから，遊びを作り出していったり，興味をもてる活動によりバリエーションをもたせていくことは，人との係わり合いをより発展させていけるという意味からも，必要なことである。

　子どもは楽しいやりとりのなかで，発信行動を多く出しながら，イニチアシブをもって遊びが展開できていくことが多いものである。また，係わり手は係わり合いのなかで，子どもの表現を引き出して，そこから活動を展開していけるようにしていくことが大切なことであると考えられる。

## （10）　選択する・選択しないということ

　子どもが選択することができる場を保障することは大切なことである。係わり手が用意した活動ではじまる係わり合いは，子どもにとって受け身的な活動である。子どもが，より能動的な係わり合いを選択することができることは大切なことである。また，選択するということは，自分の要求を係わり手に伝える経験でもあると考えられる。

　しかし，選択する機会を子どもに提供するということは，2種類以上の具体物やカードなどから選んでもらうということが主になると考えられる。それが子どもにとって必要性があるものなのか，選択する意味があるものなのかに注意する必要がある。また選択するということを子どもに伝えること，選択したいものを選択しやすい状態で提示することが大切なことである。

　子どもの活動のなかで，必要に応じて場面を設定していくことが望ましいと考えられるが，場面を設定して行うときは，特に上記のことに配慮していく必要がある。

自然な流れのなかで，意味ある選択ができること，また探索をするという意味からも，移動を伴う探索活動はとても有意義な活動であるといえる。

### (11) 係わり手が安心できる存在になるということ

障害の重い子どもが，内面的に豊かな気持ちや発信手段となりうる力をもちつつあったとしても，伝えたい相手がいて，伝えたい気持ちがあること，そしてその人に伝わる安心感がないと，発信行動として結びついていかないのではないかと考えられる。発信行動につながる経験や手段を多くもち合わせることも大事ではあるが，それ以上に大切なのは，伝えようとする気持ちである。それは，子どもにとって係わり手がどういう存在かに大きくかかわってくるところであり，そうした意味からも，係わり手との関係性がコミュニケーションに大きく影響してくることであると考えられる。

子どもは安心できる大人に気持ちを寄り添い，わかってくれる大人に，気持ちを伝えようとするものである。これは，障害があろうとなかろうと同様のことであると考えられる。

障害が重度で重複していると，気持ちをうまく表現することに困難と制限があり，やりとりがうまくいかないことが多くみられると思われる。そうした状況では，表現しようという気持ちがなかなか出てこなくなるものではないだろうか。そうすると，ますます周囲には気持ちが伝わりにくくなってしまう。そうした状況におかれていることが多い子どもたちにとっては，表現する気持ちをまず育てていくことが大切であり，そのためには係わり手が，"安心"できて，子どもにとっての"好きな人"になれることが，特に大切になってくるのではないかと考えられる。

### (12) 障害の重い子どもの集団活動の考え方ということ

今回，重い障害のある子どもたちの集団活動を詳細に取りあげることはしなかった。しかし，この視点は授業を作るうえで必要なことであり，係わり手がしっかりした考え方をもつ必要がある。

障害の重い子どもとコミュニケーションを促進する視点として，以下で簡単に述べることとする。

① 集団活動の考え方

集団活動の考え方として，

第6章　障害の重い子どもの指導の実際

　　　・集団とは，その構成員の個々が相互に働きかけあい，影響しあう場としての「機能する集団」
　　　・相互に働きかけあう前に，子どもたちはその場で一人ひとりが生き生きと自分を発揮（自己実現）できなくてはならない「形態としての集団」
の２つの集団の場が考えられる。それぞれ自分を発揮し，その上で互いに働きかけあうという考え方が大切である。

② 障害の重い子どもの集団活動の考え方―その１―
　障害の実態がさまざまな状態にある障害の重い子どもたちの場合，授業に，ある主題が与えられたとしても，全員が同じことに，同じように取り組むことは，初めから考えるべきではない。
　子どもの興味や関心をベースに，「できることにできるかたち」で，取り組むという視点からの働きかけを行い，授業を，係わり手・子ども，双方で作り上げることが，個に配慮するということの本質であると考えられる。
　たとえば，「音楽あそび」を考えてみると，子どもとの関係つくりに使うことができる。人と人との関係つくりでは，最初はシンクロさせていくことがまず大切である。子どものリズムに合わせながら，「こちらが子どもをなぞる」から「子どもがこちらをなぞる」につなげていくことが重要なことである。
　子どもが，こちらを受け入れ，合わせてくれようとしているのである。お互いが共鳴・共振していると考えることができる。それを増幅していくことが大切なのである。
　まとめると，音楽を使って，楽器を鳴らすといったスキルを求めるよりも，コミュニケーションを，あるいは，コミュニケーションにつながる力を育てるということも大切なことである。
　また，たくさんの人がいても，子どもにとっては，「大切な人」と「その他大勢の人」の２つに分けていると考えることができる。言い換えると，「信頼のできる人」と「その他の人」である。この場合，「その他大勢の人」は，いらないかというと，そうではない。その他大勢の人がいるから「信頼できる人」との関係が際立つこともある。
　自分の担当の子どもだけを見ていると，逆に自分の担当の子どもが見えなくなることもある。他の子どもを同じ状況で見ることで自分の担当の子どもが見えてくることもある。そのための集団という位置づけがあってもよいのではないだろうか。

### ③ 障害の重い子どもの集団活動の考え方—その２—

　赤ちゃんにとって声を出すのは，最初は結構大変なことである。10か月くらいにならないと，初めは，自分の体のリズムにシンクロさせたような心臓の動きに合わせて呼吸する息のような発声である。

　その後，もう少し成長してからあお向けにすると手足を動かし，自分のその動きに同調して声を出す。シンクロさせることで高まりが見られるようになる。写真が中継ぎになって音声を重ねることで物の名前を覚えていくことと同じである。行動体制の分化の前にリズムの同期（シンクロ）があることは大事なことなのである。

　メロディも繰り返しのリズムが実は大切である。たとえば，子どもをブランコに乗せるときに10まで数えてから「まだやる？　終わる？」と問いかけたとする。始まりと終わりの区切りがあってそれを子どもに伝えてから，その後子どもとの交渉が始まる。音楽のメロディはあるリズムで構成されていることが多く，始まりから終わりまでのプロセスを伝えやすいのである。リズムに合わせて手をたたければよいとか技術的な問題よりも最初のコミュニケーションの手助けになり得ることの意味が音楽には大きい。音楽を使ってコミュニケーションを，あるいはそれにつながる力を育てていくことができるのではないだろうか。

#### 参考文献

安藤忠・大貝茂・太田茂・奥英久・笠井新一郎・河田正興・鈴木啓・立目章・中邑賢龍・福島勇・山田弘幸（1998）子どものためのAAC入門—文字盤からコンピューターへ—　協同医書出版社．

川住隆一（2000）生命活動の極めて脆弱な重度・重複障害児の健康管理に関する課題と研究動向　特殊教育学研究，36．

川住隆一（1999）生命活動の脆弱な重度・重複障害児への教育的対応に関する実践的研究　風間書房．

鯨岡峻（1999）原初的コミュニケーションの諸相　ミネルヴァ書房．

国立特殊教育総合研究所（1999）平成9年度特殊教育普及セミナー報告書　トータルコミュニケーションと構造化　国立特殊教育総合研究所．

ア・エル・ルリヤ（編）　山口薫ほか（訳）（1962）精神薄弱児—その高次神経活動の特質—　三一書房．

松田直（1998）障害の重い子どもとのコミュニケーションのあり方—機器の利用の前に—　肢体不自由教育，102．

文部省（1992）肢体不自由児のコミュニケーション．

中邑賢龍（1987）中・重度脳性マヒ児集団の友人関係に関する研究—コンピュータゲームを利用した友人関係拡大の試み—　教育心理学研究，35(1)，79—85．

### 第6章　障害の重い子どもの指導の実際

大石益男（1988）コミュニケーション障害の構造と本質に関する研究　国立特殊教育総合研究所研究紀要, 20.

田上隆司（1985）聴覚障害者のためのトータルコミュニケーション　日本放送出版協会.

津守真（1997）子ども学と私の生きた時代　北海道子ども学会第2回研究大会収録集.

梅津八三（1976）心理学的行動図　重複障害教育研究所紀要, 創刊号.

梅津八三（1969）重度・重複障害児の教育のあり方　特殊教育, 4　文部科学省.

（菅原伸康）

# あとがき

　障害児教育は，教育の原点だと言われます。それは，なぜでしょうか。一人ひとり，個性や特性は異なるので，個々の教育的ニーズを把握したうえで，基礎・基本を大切にしながら，一人ひとりの力を伸ばすためにどのような指導を行えばいいのかを考えるのが障害児教育であり，それは教育そのものの本質に他ならないからではないかと私は考えています。

　教育が目指すべき目標や教育の本質は障害のあるなしで変わるものではありません。また，障害のある子どもたちも，障害のない子どもたちと同じ「子ども」という存在です。特別支援教育を学ぶことは，障害について学ぶこと，障害児への教育方法を学ぶことと同義にとらえられるかもしれません。しかし，先に述べたように，障害のある子どもも「子ども」です。そこで教師に求められる視点は，まず，子どもの発達について知るということです。そして，その次に障害についての知識をもつことです。子どもが子どもとして存在するためには，子どもにふさわしい生活の保障が大切ですが，スピードの速い現代社会のなかでは，それを実現させることが難しいのが現実です。だからこそ，教育という場で，子どものスピードと発達に適した教育を行うことが，子どもの持てる力を最大限発揮させることにつながると思うのです。本書では，第5章でクニオくん，第6章ではひーちゃんが出てきます。いずれも，子どもの発達を大切にしながら，丁寧に関わり続けたからこそ，コミュニケーションすることができた事例です。

　現在，私は保育士や幼稚園教諭，小学校教諭，特別支援学校教諭といった保育者や教育者を養成する学部にいます。ある時，卒業生が研究室を訪れて，次のような話をしてくれました。彼女は，3歳の担任をしていました。そのクラスには，肢体不自由のひとみちゃんがいました。普段，ひとみちゃんは仰臥位で寝たきりの状態です。それを毎日見ているケントくんが「ひとみちゃんはいつも寝てるね。赤ちゃんみたい」と言ったそうです。その時，「そんなこと言っちゃだめでしょ！」としか言えなかったけれど，あの時，どのような対応をするのがよかったのだろうかと問うのです。そこで，私は「もし障害のない子ども同士だったら，どう声をかけていた？」と問いました。すると彼女は「ケントくんに，なぜ赤ちゃんみたいと思ったのか，まず聞いてみると思います」と言いました。そこで彼女は，はたと気づき

### あとがき

ました。ひとみちゃんには障害があるから,「赤ちゃんみたい」という言葉を使うことは適切ではないと大人の見方で子どもを見ていたのです。そのため,ケントくんの気持ちやものの見方を考えずにケントくんに注意だけしてしまったのです。3歳児のものの見方は自己中心的です。ケントくんは,いつもベッドに寝ているひとみちゃんのことを赤ちゃんのようだと素直に思ったのでしょう。そこに悪意はありません。その視点は発達の過程で大切なものです。それを保育者や教育者が大切にすることで,自己と他者の違いに気づき,お互いを認められるような子どもが育つのではないかと考えています。

　上記の例のように,「障害」という言葉がつくと,構える人が多いのが現実です。障害があることによって困難なことは多くあると思います。ご家族の話をお聞きしても,壮絶な物語があります。しかし,障害のある子どもも障害のない子どもも同じ子どもです。別々のところにいる存在ではなく,同じところにいる存在です。その視点だけは忘れずに,子どもと関わりたいと思っています。

　特別支援教育の時代になったことで,発達障害という障害に多くの関心が寄せられています。その一方で,障害の重い子どもたちが増加している現実があります。医学の進歩によって,多くの命が救えるようになったことは喜ばしいことに違いありませんが,その子どもたちがどのように教育を受け,生きていくのかということに対しての検討は十分とは言えません。その部分については早急に対応していく必要があると言えるでしょう。

　障害の重い子どもたちと実際に接したことがないと,コミュニケーションの方法がわからず不安に思うことがあると思います。その時は,障害名でその子どもを見るのではなく,子ども自身を見てみてください。そして長期的な視点で見てみてください。これは,全ての教育の根底にあるものだと思います。その視点を忘れずに関わり続けることで,きっと自分だけが何かを働きかけるのではなく,相手からも働きかけてもらっているという相互性を感じられる瞬間が訪れるのではないかと思っています。

　　平成26年11月

　　　　　　　　　　　　　　　　　　　　　　　　　　　　　　渡邉照美

# 索　引
（＊は人名）

## ア行
秋津療育園　60
医行為　30
＊糸賀一雄　60
イニシアチブ　93
医療的ケア　30
　　──の意義　40
＊ウォード，E.　96
動く重症児　67
＊梅津八三　2,50,53,61,83
運動機能　10
＊大石益男　85

## カ行
解釈　99
拡大・代替コミュニケーション（AAC）　20,81
喀痰吸引　33
過剰解釈　100
学校教育法施行令第22条の3　2,16,50,62
合併症　7
＊川住隆一　83,85
環境の把握　21,23,69
機能する集団　108
教師のマネジメント力　69
＊鯨岡峻　82,85,86,91,92
経管栄養　33
形態としての集団　108
経鼻経管栄養　33
健康の保持　21,69
言語的コミュニケーション　91
原初的コミュニケーション　91
行動観察　28,101

行動障害　12
国際生活機能分類（ICF）　20,21
子どもの機微　102
＊小林提樹　59
個別の教育支援計画　72
個別の指導計画　22,26,27
コミュニケーション　21,24,51,69,76
コミュニケーション機能　11

## サ行
自己決定　19
自己選択　19
実態把握　22,27,73,98,100,101
島田療育園（現・島田療育センター）　59
社会的障壁　49
重症心身障害　59
　　──児　3
重度・重複障害　2
　　──児　2
重度障害　2
準超重症児　7
障害状況　50,55
自立活動　18,19,21,51,69
身体の動き　21,24,69
身体発育　9
心理的な安定　21,69
生活地図　25
生活の質（QOL）　19,42,81
生理調節機能　9
摂食・嚥下機能　10
前言語的コミュニケーション　91,93
専門家との連携　24
相互障害状況　55

# 索　引

相互輔生　55

## タ行
＊田中昌人　60
超重症児　5
超重度障害児　67
重複障害者　16
＊津守真　83
トータルコミュニケーション　96

## ナ行
日本赤十字社産院小児科（現・日本赤十字社医療センター）　59
人間関係の形成　21,23,69

認定特定行為業務従事者　35

## ハ・マ行
排泄機能　11
PDCAサイクル　52
びわこ学園　60
翻訳　99
＊松田直　86

## ヤ・ラ行
山梨県立盲学校　2,61
養護・訓練　21
養護学校教育の義務制　62
＊ルリヤ，A.R.　95

**執筆者紹介**（執筆順，執筆担当）

渡邉 照美（わたなべ・てるみ，編著者，佛教大学教育学部）第1章・第3章

後上 鐵夫（ごかみ・てつお，（独）国立特別支援教育総合研究所名誉所員，前大阪体育大学教育学部）第2章

吉川 明守（よしかわ・あきもり，元佛教大学教育学部）第4章

氏家 靖浩（うじいえ・やすひろ，仙台大学教養教育部）第5章

菅原 伸康（すがわら・のぶやす，編著者，関西学院大学教育学部）第6章

---

障碍のある子どものための教育と保育③
エピソードで学ぶ 障碍の重い子どもの理解と支援

2015年4月20日　初　版第1刷発行　　　（検印省略）
2023年12月10日　初　版第4刷発行

定価はカバーに表示しています

| | |
|---|---|
| 編著者 | 菅原　伸康 |
| | 渡邉　照美 |
| 発行者 | 杉田　啓三 |
| 印刷者 | 田中　雅博 |

発行所　株式会社　ミネルヴァ書房
〒607-8494　京都市山科区日ノ岡堤谷町1
電話代表　(075)581-5191
振替口座　01020-0-8076

©菅原・渡邉ほか，2015　　創栄図書印刷・新生製本

ISBN978-4-623-07311-5
Printed in Japan

障碍のある子どものための教育と保育

## ① エピソードでみる　障碍の理解と支援

菅原伸康著　Ｂ５判　160頁　本体2400円

●障碍のある子どもとのの行動の意味の読み取りと解釈を，実際のエピソードの紹介をとおして，解説する。35のエピソードから，障害児との良好な係わりを築くためのポイントを理論や制度の説明も交えてやさしく解説する。

## ② 写真でみる　障碍のある子どものための課題学習と教材教具

菅原伸康著　Ｂ５判　152頁　本体2400円

●豊富な写真を交えて，課題学習や教材教具の意義，それを用いた教授の方法について解説。保育・教育の現場はもちろん，家庭のなかでも実践可能で具体的な取り組み例など紹介する。

## ③ エピソードで学ぶ　障碍の重い子どもの理解と支援

菅原伸康・渡邉照美編著　Ｂ５判　120頁　本体2400円

●重複障害児の特性，「自立活動指導」のポイントや教員の専門性など，障害の重い子どもの指導に当たる教員の「疑問に思うこと」「指導に悩むこと」を，エピソードを交えてわかりやすく解説。

## ④ 図で学ぶ　障碍のある子どものための「文字・数」学習

菅原伸康・渡邉照美著　Ｂ５判　180頁　本体2400円

●記号操作の基礎学習（文字数を記号として操作することを目指した学習）を積み上げることで，文字を形として理解することが可能な支援・指導を解説する。

## ⑤ 物語で読む　障碍のある子どもの家族のレジリエンス

渡邉照美・菅原伸康著　Ｂ５判　144頁　本体2400円

●母親，きょうだい，父親が語るエピソード（障碍を，受容する／受容できない父，母，きょうだいの思いと，それを乗り越える過程）を交えながら，障碍のある子どもの家族のレジリエンスとは何か，本当に必要な支援は何かを考える。

——— ミネルヴァ書房 ———

https://www.minervashobo.co.jp/